ANSIEDAD

Últimos títulos publicados en esta colección:

SAMIR CHOPRA

ANSIEDAD
UNA GUÍA FILOSÓFICA

Traducción de Pablo Hermida Lazcano

PAIDÓS Contextos

Título original: *Anxiety*, de Samir Chopra
Publicado originalmente en inglés por Princeton University Press

1.ª edición, abril de 2025

© Samir Chopra, 2024
© de la traducción, Pablo Hermida Lazcano, 2025
© de todas las ediciones en castellano,
Editorial Planeta, S. A., 2025
Paidós es un sello editorial de Editorial Planeta, S. A.
Avda. Diagonal, 662-664
08034 Barcelona, España
www.paidos.com
www.planetadelibros.com

ISBN: 978-84-493-4372-8
Maquetación: Realización Planeta
Depósito legal: B. 4.423-2025
Impresión y encuadernación en Limpergraf, S. L.

Impreso en España – *Printed in Spain*

Para Noor y Ayana,
que me libraron del temor

Toda la existencia me pone nervioso.

KIERKEGAARD

Ay, la mente, la mente tiene montañas; despeñaderos
[de ruina,
terribles, escarpados, insondables para el hombre.

GERARD MANLEY HOPKINS

Solo puede ser intrépido quien conoce el miedo
pero lo supera; quien ve el abismo con orgullo.
Quien ve el abismo con ojos de águila; quien con
garras de águila se aferra al abismo; ese tiene valor.

NIETZSCHE

La tarea definitiva de la terapia [...] es ayudar a los
pacientes a reinterpretar aquello que no pueden
alterar.

IRVIN YALOM

SUMARIO

NUESTRA(S) ERA(S) DE LA ANSIEDAD

Todo libro sobre la ansiedad ha de comenzar por fuerza con una lista de amplias observaciones sociológicas y estadísticas, cada una de las cuales mostrará cuán común es el sufrimiento causado por la ansiedad (y la angustia) en la sociedad contemporánea, y hoy en día, además, cuán habitual es el hecho de medicarse para ello de manera formal o informal. De tal guisa nos enfrentamos a la espantosa persistencia de la ansiedad, un aspecto aparentemente inextirpable de la condición humana, pues el registro histórico y cultural de nuestra civilización revela que cada generación humana se ha visto afligida por formas de extrema ansiedad, cuyas peculiares manifestaciones y expresiones se caracterizan por su cultura material y sus circunstancias concomitantes. A veces, al leer antiguas descripciones de estados de ánimo evocados por legendarias crisis sociales, culturales y políticas, y al compararlos con los referidos por nuestros conciudadanos durante sus tribulaciones, advertimos que las ansiedades arcaicas han hallado en esta era una distintiva expresión contemporánea. Muchas épocas se han proclamado a sí mismas un «cénit» de la «ansie-

dad cultural», o una era de la ansiedad «sin precedentes»,
ya fuesen los años treinta, cuarenta, cincuenta, sesenta o
dos mil; cada época imagina (de una forma distintiva de
compungida autounción) que sus circunstancias materiales, sociales y políticas han elevado nuestro malestar latente con el mero hecho de la existencia hasta convertirlo en
un terror absorbente. Se diría que cada edad del ser humano es una «edad de la ansiedad»; cada época acoge sus
monstruos idiosincrásicos de «temor» y «angustia», que
ocultan ansiedades primigenias vagamente comprendidas
con su nuevo atuendo.

Mientras que el miedo y la preocupación parecen basados en objetos y circunstancias específicos, la ansiedad
es incipiente, un temor informe, un «miedo de nada».
¿Por qué la sentimos y debemos sufrirla? En respuesta,
las diferentes épocas han caracterizado la ansiedad y la
angustia de distinto modo: como una crisis espiritual de
fe, creencia y sentido; un constructo cognitivo-conductual resultante de las respuestas condicionadas a los entornos físicos y sociales del hombre; un instinto animal
limitado a las criaturas con un sentido temporal que anti-
cipan su propia muerte; una respuesta al estrés material o
a las represiones sexuales de la sociedad; una aflicción
médica provocada por una neurofisiología defectuosa,
un problema exclusivo de nuestra biología y arquitectura
física. La interpretación psicoanalítica freudiana, pertrechada con sus nociones teóricas del inconsciente y una
mente tripartita, trata la ansiedad resolviendo el conflicto
psíquico interno; la psiquiatría y la neurociencia contemporáneas aíslan y modifican los mecanismos biológicos

de la ansiedad, mientras que las tradiciones filosóficas y contemplativas buscan el *significado* más que el *mecanismo* de la ansiedad para quienes la padecen.[1] Quien sufre ansiedad posee una consciencia del *tiempo finito* como pasado, presente y futuro, y el miedo al *dolor o sufrimiento futuro inespecificable*; la ansiedad es en parte una disfunción biológica, aunque el nexo causal entre la biología y esta sigue siendo poco claro y no especificado; en otra parte, una función de nuestros entornos naturales y construidos, de la primacía de la crianza frente a la naturaleza; puede indicar una aguda crisis espiritual para el creyente, una incapacidad de reconciliarse con la fe y las demandas de la existencia; puede ser un indicador de una mente desgarrada y no unificada, atormentada por su pasado; puede ser el síntoma de una cultura y una sociedad alienantes y opresivas; puede ser la naturaleza misma de la consciencia humana.

La ansiedad parece ser una condición humana perenne y universal, que permanece a pesar de la impresionante marcha hacia delante de la psicología, la farmacología y la neurofisiología empíricas bien financiadas, un fenómeno igual de impresionantemente misterioso, que no es fácil de acomodar en los paradigmas y marcos científicos, ni por parte de ellos. No sabemos bien cómo ni dónde encajar la ansiedad; fingir lo contrario es ser como el «caminante» de Sigmund Freud que «silba en la oscuridad», mas no por ello ve con más claridad.[2] La propia diversidad de la ansiedad y la angustia, sus causas aparentemente dispares, sus múltiples complejidades y manifestaciones, nos recuerdan que los seres humanos somos criaturas complejas, no meros autómatas biológicos, no frutos exclusivos de la naturaleza, de la crianza, de las relaciones de clase o de las identidades de raza o de género. La ansiedad es un recordatorio aterrador de que somos seres complejos que no nos resolvemos con facilidad en los átomos de nuestras teorías favoritas.

Nuestra era es quizá especialmente ansiosa porque ha de afrontar el optimismo y los logros técnicos y materiales de nuestros tiempos con la descorazonadora sensación de que nada de ello importa demasiado. Los prósperos y poderosos siguen siendo derribados en pleno vuelo, en medio de su fama y su fortuna; pueden permitirse médicos caros, y sus vidas son más largas y más confortables que las de la plebe; pueden huir del cambio climático en sus aviones privados como el que escapa de un huracán o una inundación; pero tanto ellos como sus seres queridos sucumben igual que el resto de nosotros al cruel infortunio, a las bombas de tiempo biológicas de la disfunción genética y a la aterradora eventualidad; también ellos reciben noticias y son testigos del sufrimiento y la muerte de todas las personas cercanas y queridas. La movilidad ascendente, el «éxito social», puede permitir a algunos comprar a sus hijos las mejores ropas, la mejor educación en una universidad de la Ivy League y organizarles costosas clases de piano, pero no puede proteger sus más preciosas posesiones contra un conductor ebrio, un accidente de avión, una enfermedad mortal como un cáncer pediátrico, el cambio climático progresivo o, lo peor de todo, una neurosis y un rechazo de este mundo que se manifiesta en enfermedades mentales agudas, en psicopatologías o en la autoextinción del suicidio. La persistente y perturbadora constatación de que nuestro dominio técnico y material de la naturaleza, nuestro poder económico y nuestras proezas científicas dejan intactos nuestros dilemas existenciales fundamentales relativos a la mortalidad y la limitación es una buena causa para el terror creciente; no hay «ninguna salida».

Nuestras perplejidades contemporáneas son mayores, toda vez que nos hemos alimentado con una dieta de reclamos progresistas y optimistas sobre la imparable marcha hacia delante de la ciencia a través de los reinos mentales y físicos, y el incesante progreso tecnológico hacia utopías imaginadas de abundancia; y, sin embargo, sentimos todavía una regresión instantánea a la profunda ansiedad ante el más mínimo indicio de mortalidad: quizá porque, tal como sugiere una catástrofe debida al cambio climático ya en marcha, nos hemos dado cuenta de que estos sueños de progreso material, de dominio de la naturaleza, son también nuestras pesadillas, que conducen al borde del desastre todo lo que apreciamos (como los cielos limpios, el agua potable o el futuro de nuestros hijos); o tal vez porque esas modernas herramientas electrónicas de comunicación, nuestros juguetes indispensables, que se suponía que aumentarían el conocimiento mutuo, el empoderamiento político y la empatía, han generado, en cambio, una disfunción política e intelectual, y han respaldado una vez más a los poderosos. Quizá sea porque sentimos que, por muy grande que sea nuestro dominio de las técnicas que nos permiten pulir y abrillantar nuestros exteriores materiales, en nuestros interiores psíquicos seguimos siendo las mismas criaturas temerosas, inseguras y ansiosas.

Esta ubicuidad, esta persistencia, esta presencia ofrecen una clave acerca de la naturaleza de la ansiedad, su lugar en nuestras vidas y lo que podemos hacer al respecto.

La ansiedad guarda una estrecha relación con la filosofía, la más vieja de las obsesiones humanas; nos vemos impulsados a rumiar, a practicar la introspección, a filosofar, porque sentimos curiosidad acerca de aquello que nos aflige y nos atormenta, incluso cuando no existe ninguna amenaza visible; acerca de por qué, pese a nuestros mayores éxitos y comodidades materiales y nobles empresas intelectuales, a pesar de lograr todo lo que se esperaba de nosotros, seguimos ansiosos y temerosos. No es de extrañar que la filosofía se vea como un *recurso* para la ansiedad, pues el filósofo, el amante de la sabiduría, la arquetípica persona sabia, se considera desde hace tiempo un médico del espíritu y del alma (un «psicoterapeuta», un sanador de la psique en el sentido etimológico preciso), una antigua analogía que se remonta a los albores de la tradición filosófica.[3] Los tratamientos filosóficos de las aflicciones del alma requieren un autoexamen metafísico y moral, autodescubrimiento y autoaceptación: la filosofía se dirige a uno mismo.

No obstante, la ansiedad no es meramente un problema para el que la filosofía ofrece una solución, una aflicción para la que la filosofía brinda una cura. Antes bien, la ansiedad y la filosofía guardan una íntima relación; la ansiedad es el «sustrato» mismo del que brota y florece la filosofía,[4] ya que una forma distintiva de ansiedad, como la que se pone de manifiesto en la investigación filosófica, es una respuesta humana fundamental a nuestra finitud, mortalidad y limitación epistémica. La investigación (la formulación de interrogantes, el intento de disipar la incertidumbre) responde a esta ansiedad. El ser indagador, cuestionador y filosófico es, en una dimensión crucial, el ser ansioso. Las criaturas ansiosas filosofan porque están insatisfechas y descontentas con lo que saben y creen sobre el mundo; pretenden investigar, eliminar las dudas. ¿Cuál es la naturaleza de nuestro ser? ¿Qué clase de mundo es este? ¿Es acaso un mundo en el que el bien es recompensado? ¿Será realizable la felicidad en este mundo? ¿Es este el único mundo que existe? ¿Cuál es la naturaleza del otro mundo, el más allá? ¿Qué es lo que desconocemos? ¿Podemos estar seguros de algo? ¿Existen verdades que jamás conoceremos? La investigación ética revela una aguda *ansiedad moral*: «¿Estoy haciendo lo correcto? ¿Cuál es la manera adecuada de tratar a los demás? ¿De vivir? ¿Y si no lo hago bien?». Nuestro «amor por la sabiduría», nuestra «filo-sofía» es genial, pero no lo impulsa la mera curiosidad ociosa; las respuestas que buscamos son remedios para una sensación de admiración y asombro teñida de terror. Los profundos interrogantes no respondidos en filosofía, para los que sentimos que nuestras respuestas poseen una importancia inmensa, llevan consigo una gran ansiedad respecto de la posibilidad de la respuesta «incorrecta». A pesar de que la ansiedad, o «angustia» o «pavor», no se nombra formalmente hasta el siglo XIX, podemos reconocer sus efectos en escritos filosóficos anteriores: un filósofo puede describir una especie de sufrimiento (espiritual, moral, epistémico) identificable como ansiedad; se esconde entre las líneas de muchas expresiones de perplejidad, asombro e incertidumbre en el corpus filosófico. Y dado que la filosofía prestaba atención a *aquellos que filosofaban* y no solo a las *doctrinas* que creaban (¿qué *sentía* el interrogador cuando planteaba esas agudas cuestiones epistémicas, metafísicas y morales?), la ansiedad llegó a ser un problema filosófico por derecho propio, que no tardaría en concebirse como una característica indeleble de la existencia humana, un componente constitutivo de la consciencia humana.

En esta obra, que se nutre de las ideas de las tradiciones filosóficas antiguas y modernas del budismo, el existencialismo y la teología existencial, la teoría psicoanalítica y la teoría crítica, aspiro a ofrecer una *guía filosófica* para la ansiedad y la angustia. Como indica mi lista de fuentes, si no aceptamos una trifurcación tradicional (e interesada en términos académicos y profesionales) entre psicología, filosofía y religión, entonces se amplía la gama de especulaciones filosóficas sobre la ansiedad, pues muchos mandamientos y prescripciones religiosos o espirituales para buscar alivio de la ansiedad son filosóficos tanto en su forma como en su contenido, y también lo son muchas curas psicológicas para la ansiedad, tanto en sus fundamentos como en su modalidad de tratamiento.

El debate acerca de *lo que es la ansiedad* no resulta insignificante en la divisa de nuestra cultura: si se considera un fenómeno biológico y médico, un problema de reconfiguración cerebral y alteración de los desequilibrios químicos, las profesiones neurofisiológicas y psiquiátricas salen ganando en capital intelectual, cultural y financiero; si se encuentra que es una noción psicológica y conductual, entonces se llevan la palma los psicoterapeutas, los psicólogos clínicos y terapeutas varios.[5] Mi intención es señalar aquellas interpretaciones filosóficas de la ansiedad que se centran en el padecimiento humano de esta e indagan su *significado*, y no pretenden *reducirla* sugiriendo que nuestra ansiedad no es «nada más que X». Decirle a quien padece ansiedad que su sufrimiento no es sino una disfunción física no aporta nada a la comprensión del significado y la relevancia que dicha disfunción podría tener para quien la sufre.

¿Qué significa ofrecer una guía filosófica para la ansiedad? En primer lugar, esta es una introducción a las *teorías filosóficas sobre la ansiedad*, a lo que los filósofos (en efecto, algunos varones escogidos) han dicho acerca de la ansiedad, que traduce con suerte sus preocupaciones aparentemente esotéricas a otras cotidianas, e indica cómo sobrellevarlas comprendiendo el papel que desempeña la ansiedad en la condición humana. Las reflexiones filosóficas que nos ofrecen el Buda, Friedrich Nietzsche, Søren Kierkegaard, Paul Tillich, Martin Heidegger y Sigmund Freud sugieren que estar ansioso es ser humano y que ser humano es estar ansioso. Aquí la ansiedad no es siempre una patología que hay que erradicar, sino a menudo una parte ineluctable e indispensable de nosotros mismos; estar ansioso supone recibir confirmación de nuestra humanidad y condición de persona, una comprensión de nuestro lugar en el mundo. Estamos ansiosos porque somos una clase particular de entidad, ubicada en una relación muy particular con el resto del cosmos. La comprensión de la naturaleza de nuestro ser y de esta relación es clave para entender la naturaleza de nuestras ansiedades; y viceversa, ya que la comprensión de nuestras ansiedades nos ayuda a entender nuestro ser.

En estas páginas me moveré por cuatro frentes. En primer lugar, consideraré el budismo como una especie de filosofía antigua, concebida de forma autoconsciente como medicina o terapia, que sugiere que la ansiedad humana se basa en un profundo desconocimiento de nosotros mismos y nuestra naturaleza; nuestra ansiedad, que es una especie de sufrimiento existencial, es indeseable y puede y debería ser erradicada, aun cuando el camino para llegar a ese punto final deseado sea largo y arduo, y nos exija vivir con ansiedad y afrontarla sobre la marcha. En segundo lugar, examinaré las obras de algunos representantes de la tradición existencialista europea de los siglos XIX y XX, que sugieren que la angustia es el sello distintivo de la libertad y de la existencia auténtica, así como una puerta de acceso al autodescubrimiento y al autoconocimiento; hemos de hallar un modo de vivir con nuestra ansiedad y, de hecho, acoger de buen grado nuestras luchas con ella, pues la alternativa es una vida inauténtica vivida con «mala fe», en la que juguemos a vivir esta vida en vez de aprovecharla al máximo. En tercer lugar, consideraré la teoría psicoanalítica freudiana, que también sugiere que la ansiedad es una parte integral e inevitable de la condición humana (civilizada), pero que la ubica próxima a, y como un signo de, la represión externa e interna y el conflicto psicológico; la represión y el conflicto han de ser reconocidos e integrados en nuestro sentido de quiénes somos. Por último, introduzco las nociones de «alienación materialista» halladas en los escritos de Herbert Marcuse y Karl Marx, quienes sugieren que la ansiedad es una respuesta humana a las condiciones deshumanizadoras y alienantes de la vida social; en lugar de aceptarla, deberíamos afanarnos por transformar (a veces de manera radical) el mundo social, político y cultural para reducir su papel creador de ansiedad en nuestras vidas. Esta surge de quiénes somos y de lo que somos, de cómo decidimos organizar nuestras sociedades, de cómo tratamos a los demás y esperamos ser tratados a cambio; una comprensión filosófica de la ansiedad, pues, es una filosofía existencial, política y moral.

La aplicación a la ansiedad de estas cuatro perspectivas mencionadas nos permite defender que esta puede y debe ser «curada», pero solo de un modo particular, mientras seguimos evaluando con escepticismo las fuerzas producidas por el hombre que conspiran para mantenernos ansiosos. Los simples hechos de la existencia limitada y mortal no cesarán de generarnos ansiedad, pero no tenemos por qué exacerbar nuestro sufrimiento con nuestras reacciones a este ni con los arreglos sociales que construimos para nosotros mismos. Con esta actitud filosófica, podemos reconocer que la ansiedad es un problema y, sin embargo, hallar una medida tanto de aceptación como de resistencia ante ella.

Al proporcionar una guía para las teorías filosóficas sobre la ansiedad, también estaré describiendo —de forma implícita— cómo utilizar algún tipo de *método* filosófico para resolver nuestro sufrimiento de la ansiedad. Entre estos recursos figura una reconceptualización, una reformulación de la ansiedad, mediante una nueva comprensión filosófica: re-conocemos nuestra espantosa y misteriosa ansiedad, la tornamos comprensible, la entendemos de un modo diferente gracias a la adquisición de una nueva visión filosófica; la filosofía puede ayudarnos a reclasificar la ansiedad no como una mera patología, sino como un componente esencial de la consciencia humana, que hemos de reinterpretar e integrar en nuestras vidas. Filosofar sobre la ansiedad es *pensar* en ella, *reflexionar* sobre ella, en vez de limitarnos a *reaccionar* a ella o *sufrir* sus síntomas; filosofar sobre la ansiedad es crear la posibilidad de transformar la naturaleza de la bestia que vive dentro de nosotros porque entendemos de manera distinta su presencia y su papel en nuestras vidas. El resultado de la indagación franca de nuestra ansiedad (y ansiedades) puede ser una consciencia elevada de nuestra vida y sus particulares y peculiares desafíos, bendiciones, congojas y promesas incumplidas, que logre un agudo ajuste de cuentas con las elecciones, decisiones y acciones posiblemente erróneas que nos han conducido a las situaciones críticas de la vida; el sufrimiento introspectivo resultante nos promete una mayor autocomprensión y autoaceptación.

Los terribles trastornos de ansiedad y ataques de pánico que muchos sufren parecen, sin embargo, inmunes a la reflexión filosófica; inmunes a la argumentación razonada y a las afirmaciones que sugieren que nuestra ansiedad es un componente esencial o inevitable de nosotros. Para quienes sufren de esta guisa, la sugerencia de que la ansiedad pueda no ser perniciosa resultaría ofensiva; y, de hecho, la clase de reflexión filosófica aquí promulgada necesita, cuando menos, una mente no afligida por patologías que tornen incoherente el pensamiento por lo demás claro. Para aquellos que sufren de esta forma, la ansiedad se antoja una forastera, una presencia que ha de ser desterrada a fin de que su mente pueda afrontar las demás demandas apremiantes de la vida. Y, sin embargo, ni siquiera los «eficaces» ansiolíticos pueden mejorar la ansiedad *existencial* fundamental (y sus variantes) descrita en las páginas siguientes.

Huelga decir que la mera lectura de exégesis comprensivas de doctrinas filosóficas no te inducirá a dejar este libro y decir: «Ya lo entiendo; ya no siento ansiedad»; una doctrina filosófica potencialmente terapéutica debe tener sentido asimismo en términos emocionales e intelectuales. Eso sucede cuando hay una cierta congruencia entre la forma en que has vivido, entendido e interpretado tu vida y tu manera de comprender el alegato filosófico dirigido a ella. Y, por consiguiente, lo que podría ocurrir, en cambio, si sopesas las afirmaciones hechas en este libro y las reconsideras, incluso durante los momentos de ansiedad, «trabajando sobre» ellas, es que podrías *comprender* y, por ende, *experimentar* tu ansiedad de un modo diferente. Y, con el fin de comprender nuestra ansiedad, hemos de experimentarla no mientras intentamos apartarla, sino mientras tratamos de inspeccionarla, de ver a qué «apunta». Esto significa que la analogía entre la filosofía y la medicación no nos llevará demasiado lejos, ya que, haga lo que haga la filosofía por la ansiedad, no está ahí para curarla. No obstante, puede ofrecer *comprensión* y, por ende, un *desplazamiento* y posiblemente una *disolución* del problema: lo que parece ser un problema deja de serlo porque, en el proceso de reinterpretarlo, hemos transformado su identidad y su naturaleza. Si llegamos a entender nuestras ansiedades de un modo diferente, podemos descubrir que somos capaces de vivir con ellas; podemos llegar a entendernos a nosotros mismos y nuestras preocupaciones de una manera un tanto distinta, una importante contribución a «la vida examinada», digna de ser vivida.

Cuando examinamos las historias de las principales tradiciones psicoterapéuticas del mundo (con ejemplos prominentes como el psicoanálisis y la psicoterapia existencial), hallamos que estas se basan en la reflexión filosófica sobre la condición humana; sus proyectos están pertrechados con un conjunto de supuestos y axiomas filosóficos acerca de la mente humana y sus patologías. Ninguno de los pioneros en esos campos carece de sofisticación filosófica en sus escritos y reflexiones (siendo Freud el principal ejemplo, por descontado), ni tampoco se disculpa por los fundamentos filosóficos en los que se basan sus teorías terapéuticas. Como muestra de la importancia de la filosofía en las modalidades psicoterapéuticas modernas, consideremos la «terapia cognitiva conductual», que sostiene que nuestras formas de pensar, sentir y actuar no son intrínsecas a nosotros, sino fruto de un proceso permanente y continuo de aprendizaje y condicionamiento.[6] Dentro de esta comprensión de la disfunción psicológica, los patrones persistentemente «defectuosos» de pensamiento y formación y revisión de creencias conducen a conclusiones y patrones de conducta insostenibles que podrían causarnos infelicidad, depresión y ansiedad tanto a nosotros como a nuestros seres queridos. En respuesta, una especie de «teoría de las virtudes intelectuales», por así decirlo, aspira a hacernos razonar mejor con el fin de ayudarnos a albergar las emociones «apropiadas» guiadas por las creencias «correctas», aquellas que «funcionan para nosotros» dadas nuestras «metas vitales». La terapia cognitiva conductual es un ejemplo de un *método filosófico* —abiertamente inspirado en las antiguas tradiciones filosóficas del estoicismo, el budismo y el taoísmo—[7] puesto en servicio para el tratamiento de los trastornos psicológicos. Su historial en el tratamiento de la ansiedad y la depresión es impresionante; los mejores resultados clínicos empíricos en estos ámbitos de la psicoterapia con frecuencia provienen de la terapia cognitiva conductual.[8] El hecho de que una especie de «terapia cognitiva» —que trata la interpretación de nuestras creencias y la disrupción de patrones perniciosos de pensamiento como maniobras terapéuticas clave— suponga un tratamiento importante y a menudo eficaz en el ámbito de la psicología clínica, así como el fundamento de una especie de asesoramiento filosófico,[9] debería establecer un indicio razonable de que la filosofía y la reflexión filosófica tienen un papel que desempeñar en la mejora de la ansiedad, como demuestran con tanto entusiasmo los escritos filosóficos sobre la ansiedad.

Concebida en términos filosóficos, la ansiedad es un aspecto *constitutivo* de la condición humana, una respuesta inevitable de la consciencia humana a la existencia; si bien las causas y los eventos desencadenantes de las diversas clases de ansiedad varían, siempre hallaremos ocasión de estar ansiosos. De hecho, si no fuera así, bien podríamos sospechar que somos «anormales», ya que el sentimiento de ansiedad es el estado «normal» de la humanidad. *Siempre estaremos ansiosos, pero no tenemos que estar ansiosos por estar ansiosos.* Sostendré, en gran medida señalando a las obras de otros filósofos, que esta afirmación es más empoderadora que debilitante. La ansiedad, al igual que las denominadas conductas adictivas, no es de forma intrínseca una patología ni un trastorno. Cuando lo es, es porque ha interferido con la clase de vida que deseamos vivir; pero incluso si estamos viviendo la vida que queremos vivir, descubriremos que no estamos libres de la ansiedad y que la reflexión sobre nuestra ansiedad puede ayudarnos a hallar pistas para la vida que deseamos continuar viviendo.

Quienes estudian la ansiedad a través de diversas disciplinas se quejan con frecuencia de que el término se emplea para describir fenómenos muy dispares: sentimientos, comportamientos, estados de ánimo e incluso estados cerebrales (¡el psicólogo clínico desea evitar cualquier confusión entre los trastornos y los estados de ánimo existenciales!).[10] El infame *Manual Diagnóstico y Estadístico de los Trastornos Mentales* (DSM, por sus siglas en inglés), el manual de los psiquiatras en ejercicio que prescriben tratamientos, tiene muchas aflicciones agrupadas bajo la categoría de «trastornos de ansiedad», entre las que figuran el «trastorno de estrés postraumático», los «ataques de pánico» o el «trastorno obsesivo-compulsivo», cada una de ellas definida por un conjunto característico de síntomas y medicada en consecuencia. Conforme avances en la lectura, considera lo que crees que es tu ansiedad, cómo se manifiesta, y cómo y cuándo los análisis filosóficos aquí descritos resuenan con tu propia experiencia personal de ella; la precisión lingüística y definicional no es ni necesaria ni deseable; lo que importa de veras es tu experiencia y tu comprensión sentidas de la ansiedad. La ansiedad existencial, psicoanalítica o materialista puede parecer diferente de la aflicción designada como «trastorno de ansiedad generalizada», pero la reflexión a fondo sobre los síntomas y las experiencias del trastorno cuando afecta a las vidas individuales puede revelar que el trastorno nombrado es la forma en la que tu versión distintiva de la «ansiedad filosófica» halla expresión en tu vida y en tu ser.

Quienes filosofan recurren con frecuencia a la filosofía (sin complejos) como una forma de terapia, como una ayuda para navegar por los inciertos contornos y trayectorias de la vida. La lectura de lo que los filósofos tienen que decir sobre la ansiedad no la eliminará de nuestras vidas, pero puede que nos haga entender por qué estamos tan ansiosos tan a menudo, y cómo la ansiedad nos ayuda a conocernos a nosotros mismos. Mediante la reflexión filosófica sobre la naturaleza de la ansiedad, podemos lograr una comprensión de la ansiedad y de nuestra íntima relación con ella y, por ende, una cierta aceptación de nosotros mismos. No podemos dejar de sentir ansiedad, pero la filosofía puede ayudarnos a no sentir ansiedad por nuestra ansiedad.

«Una lágrima es una cosa intelectual»;[11] otro tanto sucede con un temor, una alegría, un arrepentimiento o una ansiedad. Ahora bien, los intelectos y sus complejidades no son entidades incorpóreas separables de los humanos; se hallan ligados a vidas muy particulares. En esta obra, yo también describo mi relación personal con la ansiedad mediante el estudio de la filosofía y la reflexión filosófica personal sobre el papel que ha desempeñado en mi vida. Señalaré mis encuentros con la ansiedad a través de las perspectivas de mi historia de pérdidas familiares, mis sesiones psicoterapéuticas y el alivio que experimenté al encontrar el pensamiento filosófico. El descubrimiento más importante de este autoexamen psicoterapéutico y filosófico fue que no había llegado a sentir ansiedad debido al trauma de la pérdida personal; antes bien, siempre había estado ansioso y siempre lo estaría. Por consiguiente, no podía curarme, pero podía reconocer y aceptar al hombre del espejo; mi ansiedad me convirtió en quien soy y no podría librarme de ella sin cesar de ser yo mismo.

Así pues, confío en que mis experiencias personales, mi invocación autoindulgente de las memorias en las páginas que siguen, resulten de utilidad para ver cómo ha vivido la vida una persona en respuesta a las afirmaciones filosóficas acerca de la ansiedad y las ha incorporado a su concepción de sí misma; los detalles particulares de mi vida diferirán de los tuyos de maneras significativas, pero espero que, dado que ambos somos humanos, encontremos suficientes elementos comunes que propicien un vínculo empático entre nosotros. El puente que construyamos entre la doctrina filosófica y nuestras vidas dependerá de las particularidades de la vida individual, por lo que tu forma de abordar dichas doctrinas estará en función de tu especie distintiva de ansiedad y tu narrativa interpretativa personal de tu vida.

En lo que sigue, confío en señalar un camino de mayor comprensión de la ansiedad y, por ende, de ti mismo. Este libro es una invitación a reflexionar, a reconsiderar y a reconceptualizar la ansiedad. No prometo ninguna cura, porque no puedo; solo puedo ofrecer los pensamientos de otros como tú y como yo, congéneres humanos, con la esperanza de que podamos descubrir que no estamos solos en nuestras ansiedades. Nuestro sufrimiento es una marca de nuestra humanidad, un signo de nuestra pertenencia a la comunidad de los seres humanos.

PONERSE Y ESTAR ANSIOSO

Una mañana, cuando tenía doce años, mi padre murió en casa. Me despertó una llamada de auxilio (mi nombre gritado una vez con desesperación y temor por mi madre), entré corriendo en el dormitorio de mis padres y encontré a mi padre convulsionando en la agonía de un infarto agudo. Su cuerpo se sacudía en una cama elástica mortal, su pecho palpitaba, y la saliva salpicaba sus labios y las comisuras de su boca mientras intentaba desesperadamente llenar de aire sus pulmones. Para cuando llegó nuestro amable médico de familia, pertrechado con su fonendoscopio y su maletín negro, mi padre había muerto. Un piloto y héroe de guerra increíblemente apuesto, con el pelo al rape y sus gafas de sol Ray Ban, había pilotado aviones de combate supersónicos en dos guerras, había eludido el fuego antiaéreo y los interceptores aerotransportados, para volver a casa y morir en la cama, de manera no tan pacífica, mientras su esposa y sus dos hijos lo observaban con impotencia. Las balas y los proyectiles habían errado el tiro; no así una arteria obstruida, un fragmento de placa. Tenía cuarenta y tres años; yo, doce.

Catorce años después, tras una lucha prolongada contra el cáncer de mama que incluyó una mastectomía desfigurante, quimioterapia adyuvante, agresivas ráfagas de radiación dirigida, tratamiento hormonal y una cruel y engañosa remisión de cuatro años, mi madre acabó sucumbiendo y desapareció en la muerte, el olvido y la nada, en lo desconocido. Sus últimos días fueron paralizantemente dolorosos; sentía náuseas y era presa de la incoherencia, el delirio y el insomnio; tenía la piel amarillenta por su hígado deteriorado, los pulmones aplastados por las patologías que acechaban en su interior. La morfina que pedimos que le administrasen para mitigar su dolor la volvió catatónica y ralentizó su pulso hasta tornarlo casi imperceptible. Yo me había vuelto irreconocible para ella y ella para mí. Tenía cincuenta y dos años; yo, veintiséis.

Recuerdo con bastante claridad el día en que mi madre me había mostrado su cáncer, el precursor de su muerte. Ahí estaba, una región curiosa y anodina dentro del TAC, una zona de irregularidad visiblemente distinta de las células circundantes, diferenciada por su forma y su sombreado. Y, sin embargo, también parecía integrada en su entorno, encajada y creando espacio para existir al lado de las fuerzas vitales que sostenían a mi madre; de esa manera aprendí que la muerte coexistía con la vida. El cáncer de mi madre era remoto y distante, pero sobre todo era insensible e indiferente: no le importaban mi dolor ni mi pena, el horror que sentía ante la catástrofe inminente; no le importaban los tormentos psíquicos y físicos de mi madre. Se limitaba a trabajar para su teleología celular y molecular, haciendo aquello que tenía que hacer para florecer, para desempeñar su papel discordante en su coro biológico circundante. En su mundo, mi madre y sus hijos no teníamos voz ni voto. Éramos irrelevantes para los cálculos de supervivencia, expansión y reproducción del cáncer. No podíamos importarle; no sabía de nuestra existencia. Ojalá pudiera haber atravesado sus membranas y haberle dado una buena sacudida, o haberle escrito una carta con palabras enérgicas o un extenso ensayo detallando las excelentes razones por las que a mi madre se le debería haber permitido sobrevivir: había sufrido demasiado; había sido testigo de la espantosa y súbita muerte de su compañero de vida; había pasado demasiado poco tiempo con su nieto de un año; su hijo menor estaba lejos de casa y la había dejado sola en la gran ciudad durante los seis últimos años de su vida. Tal vez habría escuchado, persuadido por mi elocuencia epistolar y mi visible dolor, mi frenética necesidad de que mi madre sobreviviese, mi terror al pensar en una vida desviada de su camino por el trauma de la pérdida; quizá se habría apiadado de dos jóvenes que habían perdido a su heroico padre justo cuando les sorprendía la adolescencia.

Pero el cáncer no adoptaría ninguna de esas actitudes porque no podía. Su mundo estaba totalmente alejado de mis temores, esperanzas, deseos y amores. Esa indiferencia resultaba aterradora; si el universo hubiera sido hostil o malvado, yo podría haber maldecido, luchado, elaborado estrategias; podría haberlo aplacado con ofrendas para saciar su apetito de vidas humanas. Sin embargo, tales esfuerzos estaban fuera de lugar, pues el universo no era esa clase de cosa que respondía a las imprecaciones humanas. Estábamos presentes en el cosmos, pero nuestro hogar no tenía ningún interés en proporcionarnos seguridad. El universo, si no activamente maligno, era indiferente a nuestros destinos y se preocupaba poco por nuestras vidas y amores. No conocía ni podía importarle nuestra existencia. Solo podía escupirnos y volver a ingerirnos, en un ciclo interminable de creación, transformación y destrucción.

Cuando murieron mis padres, se produjo una ruptura fundamental y metafísica entre el mundo y yo; el rayo había caído dos veces. La gravedad que el mundo había prometido (el anclaje de mis vuelos infantiles de ansiosa fantasía) había desaparecido; el mundo era ahora traicionero, un lugar donde acechaban los escollos, las grietas y las trampillas. El mundo del infortunio apenas se vislumbraba antaño y sus detalles eran casi invisibles. Ahora habitaba en él; era mío y podía ocuparlo. Había imaginado que, con la muerte de mi padre, el mundo ya se habría cobrado lo suyo, extendiendo el brazo y posando su mano sobre un niño de doce años, un tributo tan terrible que sería impuesto una sola vez. Sin embargo, catorce años después, la muerte volvió a llamar a mi puerta. Se me antojaba inconcebible que la desgracia mortal fuese avara y codiciosa, que no se hubiese saciado con las vidas que ya había reclamado; este mundo era traicionero más allá de toda comprensión. Un Dios —el Dios de un niño, mítico, compasivo, que respondía a las oraciones— murió con mi padre; otro —el Dios de un adulto, un Dios de razonabilidad, el que aseguraba que este mundo no te tratase mal— murió con mi madre. Yo no había matado a Dios, pero Dios había cometido ciertamente un suicidio muy público mediante estas proclamaciones emparejadas de Su muerte.

Las muertes de mis padres, que ocupaban posiciones polares en un espectro de repentinidad, infectaron mi vida con un temor persistente; inundaron mi vida de una ansiedad incurable. Esas sombrías lecciones me enseñaron que este mundo lo gobiernan despiadadas probabilidades; no existen advertencias adheridas al alba de que este es el día del catastrófico infortunio, de la fatal casualidad. Joan Didion escribió en cierta ocasión que los recuerdos de los desastres siempre comienzan con la naturaleza prosaica del día;[1] el día en que murió mi padre, el día en que le diagnosticaron el cáncer a mi madre, comenzaron de forma ordinaria antes de tornarse extraordinarios y de trascendencia histórica mundial. Aprendí por las malas que existen causas y ocasiones para la inquietud y la ansiedad incluso cuando no hay indicio alguno de desastre; este mundo no está hecho para nosotros, para satisfacer nuestros deseos. Desde el momento en que sumergí las cenizas de mi madre en las aguas corrientes de un río sagrado indio, cobré una consciencia especial de lo que parecía un nuevo aspecto de mi vida; habían salido a la luz nuevos terrores, se vislumbraban en el horizonte más posibilidades aterradoras. Si el rayo podía caer dos veces, ¿qué le impediría golpear de modo reiterado, hallando nuevas formas de expresión, acaso una nueva malignidad distintiva con la que infectar y corromper mi ser? Las muertes de mis padres habían abierto los portales de la posibilidad fatal; yo había vislumbrado los terrores que aguardaban más allá.

Mi ansiedad era insidiosa, algo más que un simple temor; era, de repente, una fiebre y una ocupación, una aflicción y una constitución; una lente con la que ver el mundo, una coloración que otorgaba a mis experiencias su tonalidad distintiva. El Buda nos alertó de una característica metafísica fundamental de este mundo, el «surgimiento condicionado» de todo cuanto experimentamos y sabemos:[2] nada posee una existencia independiente de todo lo demás que lo constituye; la persona ansiosa habita un mundo coloreado y contorneado por sus propias ansiedades altamente individuales; es un mundo construido de forma conjunta por el paciente y su ansiedad. La ansiedad es, pues, una perspectiva, un medio interpretativo que nos permite una peculiar relación hermenéutica con el mundo, cuyo texto se lee ahora de un modo muy particular por esta visión tan cargada de ella. Las cosas, las personas y los acontecimientos se convierten en foco de atención en función de sus interacciones respectivas con nuestras ansiedades: aquel hombre de la esquina deviene amenazador; esta silla se vuelve inestable y desequilibrada; esa comida se convierte en el agente de una futura enfermedad mortal; ese gesto se burla de nosotros; mi familia (mi mujer, mi hija) parecen blancos tentadores de las crueles jugadas del destino. Yo vivía en un mundo distintivo, sombreado e iluminado por la ansiedad, que era mi inseparable compañera e intérprete de la existencia.

Comencé la psicoterapia a mis veintinueve años.[3] Me había resistido a ella durante los años inmediatamente posteriores a la muerte de mi madre, incluso cuando amigos bien intencionados, al oírme hablar de mi melancolía a todas luces persistente, me recomendaban de manera reiterada «ver a alguien». Pero la terapia parecía una forma de escurrir el bulto. Mis amigos varones hablaban con tono despectivo de la «cultura del lloriqueo» que esta creaba, la interminable culpabilización infantil a los padres por las patologías de los adultos. La terapia parecía débil, no lo suficientemente viril, una solución para quienes carecían de la fortaleza necesaria para afrontar las adversidades de la vida, que se regodeaban en la compasión autoindulgente en los divanes de los terapeutas. Yo me reprimía y confiaba en «lidiar con ello». Pero apenas notaba ningún cambio; me sumía con facilidad en el pesimismo; luchaba contra la falta de sueño, el exceso de bebida y de hierba, las relaciones románticas que zozobraban en los bancos de la rabia y los celos; la ansiedad y el pánico eran mis compañeros inseparables. En el otoño de 1996, cuando mis exámenes de doctorado en filosofía crearon amplias oportunidades para cuestionarme mi autoestima, fui en busca de ayuda.

En el Institute for Contemporary Psychotherapy de Manhattan, tras las entrevistas de admisión, empecé dos veces por semana con la terapeuta que me asignaron. Entonces consideré también la posibilidad de tomar antidepresivos y solicité una evaluación psiquiátrica. El bueno del doctor, cómodamente instalado en su lujosa clínica en Greenwich Village, me informó amablemente de que podía, si así lo deseaba yo, prescribirme uno de los medicamentos antidepresivos más populares de aquella época: el Prozac. Pero yo, espantado y ansioso por sus legendarios efectos secundarios y la concomitante disfunción sexual inductora de la banalidad, decliné la medicación y continué con mi terapia conversacional. Durante los cinco años de psicoterapia interpersonal, psicodinámica y kleiniana que siguieron, me percaté de que yo siempre había sido una persona ansiosa, de que no había empezado a estar ansioso a raíz de la muerte de mis padres, de que mi ansiedad me marcaba como una compañera de fatigas de otros humanos ansiosos (esto es, de todos los demás).

Mi primera terapeuta fue una joven que me escuchaba impasible mientras yo hablaba; con la ansiedad que me generaban sus silencios, yo continuaba hablando, con rapidez y profusión, hasta que se agotaba el tiempo. Solicité un sustituto, alguien que interactuase de forma activa conmigo; quería confirmación de que no estaba mentalmente perturbado, de que estaba cuerdo. En retrospectiva, también deseaba una madre consoladora, no un padre severo que me pidiera que creciese y me comportase; estaba buscando el equivalente terapéutico de un abrazo reconfortante, un amable «no pasa nada, todo irá bien». Mi nueva terapeuta trabajó conmigo durante dos años, hasta que interrumpí la terapia después de dar vueltas en círculos, un sentimiento familiar y significativo en mis encuentros con la psicoterapia. Me descubrí volviendo repetidamente a elecciones que me sentía incapaz de hacer, a responsabilidades que no me apetecía asumir, a reconocimientos de lo que era inalterable en mí mismo y el mundo que habitaba, sin ser capaz de reinterpretarlo. Dado que estaba con tanta frecuencia resacoso o colocado, mis sesiones de terapia eran a menudo nebulosas; la intervención más significativa de mi segunda terapeuta fue que logró que recobrase la sobriedad suficiente para finalizar mi tesis doctoral. Dejar mi forma de medicación preferida conllevó que sintiera con más intensidad mi ansiedad y mi depresión. En consecuencia, tenía más de lo que hablar en mis sesiones de terapia.

Durante la terapia, construí una arqueología y una genealogía de mi vida, en la que había sido descrito con frecuencia como un «marica», un «gallina» o una «nenaza» (en más de un idioma), gracias a mis expresiones abiertas de ansiedad; recordaba mis terrores nocturnos, mi incontinencia nocturna tardía, mis pánicos febriles ante la idea de perder un tren o un autobús escolar, mi timidez («ansiedad social»), mi miedo a los exámenes escolares (tanto escritos como orales), mis miedos a los perros, a las alturas, a las aguas profundas, a los insectos y a la oscuridad. No había fobia que yo no tuviera; tenía miedo a ahogarme, a caerme, a las picaduras, a llegar tarde. Siempre había sido temeroso y mi terror había aumentado; habían anidado dentro de mí muchas fobias, formas de ansiedad más profundas, a la espera de ser evocadas y sostenidas por este mundo. Era demasiado fácil imaginar lo peor; el final de cada recorrido era la catástrofe: así era como se resolvía el funcionamiento del mundo. Había confrontado las posibilidades y me había percatado de que dentro de ellas acechaban realidades espantosas que saltaban y se revelaban; incluso cuando regresaban a las sombras, sus huellas persistían. A veces, mis espantosas ansiedades se habían manifestado en forma de ira cuando me enfurecía, consternando a mis parejas sentimentales, mis familiares y mis amigos; esa bruma roja tocaba fondo enseguida en los oscuros pozos de los terrores no resueltos e indefinidos.

Cuando hablaba y hablaba, mientras mis terapeutas tomaban notas en silencio, me ofrecían comentarios ocasionales o pedían aclaraciones, regresaba una y otra vez a las mismas encrucijadas desconcertantes de mi vida: incapaz de avanzar, de comprometerme con un curso de acción, ya fuese romper con una novia o emprender un riguroso programa de superación personal; estaba aparentemente ansioso por perder un yo anterior y las ambiguas comodidades que este prometía. Hablaba de celos y ansiedad, de mis miedos a la soledad, al abandono, a perder una novia, a no encontrar un empleo seguro; me preguntaba lo que significarían esas pérdidas, qué sentido más profundo tenían para mí. Me descubrí dando vueltas en círculos de repetición, preguntándome por qué no era capaz de avanzar desde los puntos de decisión, desde los puntos de compromiso; estos momentos de «bloqueo existencial» cristalizaban a veces en la incapacidad de poner fin a relaciones tóxicas o situaciones vitales comprometidas. Temía estar solo, seguir adelante por mí mismo, enfrentarme al mundo sin una pseudomadre (mis novias) o un pseudopadre (mi carrera, mi trabajo, mi vocación), porque carecía del «coraje existencial» para seguir adelante, para afrontar la vida por mí mismo, para tomar decisiones que me sumergiesen en inciertos modos de ser.

Al recurrir a la terapia, había pensado que sería clasificado y tratado como paciente con trauma, pero en la clínica descubrí que era tan solo otra persona que siempre había sido indecisa, distraída, insegura o ansiosa, lo cual, como estaba aprendiendo a toda prisa, *venía a ser lo mismo*. Mis ansiedades habían empeorado; las muertes de mis padres habían traumatizado a un sujeto ya predispuesto a ello. Sus muertes habían interrumpido un continuo de desarrollo en el que me habría separado de mis padres «de forma natural»; sus muertes prematuras eran «antinaturales» con respecto a mis etapas de desarrollo de autodescubrimiento y autoconstrucción; esas muertes habían amenazado valores que se me antojaban esenciales para mi existencia significativa y dotada de propósito en este mundo.[4] Las muertes de mis padres me hicieron darme cuenta de que la ansiedad es febril a la par que fértil, capaz de engendrar versiones más recientes e improntas cada vez más novedosas de sí misma. Impulsadas por la producción de nuevos traumas y pérdidas, las apariciones de nuevas amenazas, mis ansiedades interactuaban y se recombinaban (como los virus) para formar variedades más recientes que fluían por mí, sorprendiéndome con su ferocidad y sus sensaciones viscerales. Mis miedos habían cambiado, pero mi ansiedad primigenia, la fuente oscura e intimidante de esos temores, era la misma incluso cuando variaban los pormenores de mi vida; sus burbujas seguían subiendo y cobrando nueva forma en los mundos en los que yo habitaba.

Y los mundos en los que vivía cambiaban en términos materiales y afectivos; me convertí en inmigrante, estudiante de posgrado, amante, profesor, marido y, de modo más dramático, padre de una joven. Cada papel (crecer, conseguir un trabajo, «sentar cabeza») encontraba ansiedades e inseguridades en nuevas formas. Había iniciado la terapia en busca de alivio de la depresión, la aflicción, el aturdimiento y los celos sexuales; milagrosamente, todos ellos estaban relacionados, como manifestaciones visibles de una ansiedad fundamental que habitaba en el sótano. Estaba distraído (sufría un «déficit de atención») cuando leía o escribía, porque esos actos me ponían ansioso por la posibilidad de ser demasiado estúpido, demasiado lento para hacerlo, y de estar desperdiciando por tanto mi precioso tiempo sobre esta tierra, que se agotaba a toda velocidad; me sentía ansioso por los libros que no estaba leyendo (o escribiendo), por la vida que estaba viviendo, que parecía empobrecida y descarriada en comparación con las que vivían otros; estaba dolorosa, lastimosa y patológicamente celoso de mis parejas sentimentales y envidiaba sus historias sexuales, porque me causaba ansiedad mi incompetencia sexual y romántica, y los fracasos y las pérdidas resultantes que señalaban; estaba deprimido porque anticipaba con ansiedad otras pérdidas como las terribles que ya había sufrido, ansioso por la posibilidad de que las muertes de mis padres fueran una señal de mi selección infalible de una variedad de infortunios, que indicaba al cosmos que estaba maduro para la cosecha. Esos fenómenos mentales eran manifestaciones variadas de un temor persistente, repugnante y nauseabundo, formado por una gama de imágenes rudimentarias. Yo no podía soportar más duelo, ni literal ni figurado; había un testigo en mi interior que ya había visto suficiente.

Es célebre la sugerencia de Freud de que el propósito de la terapia es transformar el sufrimiento histérico en infelicidad común.[5] En consecuencia, la terapia no me proporcionaba seguridad, consuelo ni cura. Había confiado en descubrir que un simple trauma había causado mi ansiedad; que había sufrido un golpe o una herida que serían sanados; que podía curarme de la enfermedad. Aprendí, en cambio, que la ansiedad era constitutiva de mi ser; yo no podía ser descrito, ni siquiera para mí mismo, sin describir mi ansiedad. Mi ubicación psíquica como un joven indio afligido por la ansiedad y el resentimiento poscoloniales, mi infancia como el hijo menor de un padre desbordante, un aviador y guerrero que había sobrevivido a dos guerras y parecía invencible; el enviudamiento de mi bella y cariñosa madre, su depresión traumática y su enfermedad mortal subsiguientes; mi tensa relación con mi hermano mayor, más grande y más fuerte (¡un piloto de combate, nada menos!), cuyos intentos de convertirse en un padre sustituto me causaban un profundo malestar y provocaban mi resistencia; mis inseguras relaciones con mis novias más experimentadas; mi migración a un país extranjero cuya hipermasculinidad estaba destinada a entrecruzarse de manera desfavorable con mi menos obvia masculinidad, cuya hiperindividualidad y estado socialmente atomizado no podían dar la bienvenida a un exiliado nostálgico y solitario en busca de un hogar; mi decisión de buscar una profesión en el mundo académico, marcada por la intensa inseguridad emocional y psíquica, el aislamiento espiritual y la competición despiadada: estas particularidades contribuían a mi distintiva y altamente particularizada dosis de ansiedad, la condimentaban y la refrendaban.

Estos detalles empíricos de mi vida se intersecaban con los meros pormenores del hecho de que soy un ser humano mortal, poseedor de un conocimiento imperfecto, de habilidades incompletas y frustradas. No soy omnisciente, luego estoy ansioso porque no sé qué puede salirme al paso; no soy omnipotente, luego estoy ansioso porque sé que no podré resistir todos los agravios, físicos y mentales, que el mundo interponga en mi camino; no soy omnibenevolente, por lo que me pongo ansioso, ya que sé y siento que soy capaz de hacer el mal y causar daños incluso a aquellos a quienes amo y que me importan. Mis incapacidades me recuerdan asimismo que podría ser víctima de la falta de benevolencia y conocimiento de otros humanos. Cuanto más gano en este mundo, más crece mi ansiedad, porque tengo más que perder. Cuando era joven, estaba poseído por la profunda ansiedad por la vida aún por vivir, por si la *viviría* «correctamente»; ahora que soy un hombre de mediana edad, me atormenta la ansiedad por si *he vivido* mi vida de la manera correcta. Encontré alegría en mi vida gracias a la existencia de mi precoz y hermosa hija, pero no hay bien que por mal no venga, y mi felicidad por su presencia en mi vida se ve atemperada por la aterradora posibilidad de su pérdida mientras yo siga vivo. En mi mediana edad, mis ansiedades acerca de la muerte y la decrepitud, acerca del dolor y el desasosiego que se avecinan, por la posibilidad de infligir mi deterioro y mi muerte a mi familia, han adquirido una tonalidad más oscura. La vida parece una broma cruel destinada a generar y sostener la ansiedad.

La muerte me ha enseñado mucho sobre la ansiedad y sobre quiénes somos. La presencia temprana de la muerte había garantizado que toda pérdida en mi vida (incluida la migración a través de las aguas negras proverbiales) estaría coloreada por el temor mortal evocado por las pérdidas más terribles de todas, las de mis padres; nada ha contribuido tanto a la formación de mis disposiciones emocionales y filosóficas como esos golpes hermanados. El más ligero indicio de pérdida, por absolutamente mundano que fuese, era una invitación a sentirme traumatizado una vez más. Mi miedo a la muerte tornaba la muerte y la ansiedad por la muerte vívidamente presentes en mi vida. Yo creaba, facilitaba y participaba en minimuertes: bebía hasta desmayarme; bebía, y a veces conducía, lo más rápido posible, hasta el olvido; cuando perdía los estribos, me ponía tan furioso que podía sentir cómo la neblina roja se volvía negra y me inducía un placentero abotargamiento, un olvido que me libraba por un instante de la ansiedad. Mi furia era simplemente lo contrario de un deseo de desplomarme, berreando, acurrucado en un rincón, aterrorizado por las desgracias que este mundo podía interponer en mi camino. Llegué a

convencerme, y sigo convencido, de que moriré de una
de las dos formas que acabaron con mis padres: colapsaré
de repente, abatido por un paro cardíaco, o notaré un
bulto en mi cuerpo, me harán pruebas y averiguarán que
me estoy muriendo de cáncer. Ambas posibilidades me
aterran por igual; la última quizá más, ya que promete
más dolor y sufrimiento, especialmente el engendrado
por las reacciones de mis seres queridos, que estarán de
pie junto a mi lecho de muerte, acariciarán mi frente febril, sostendrán mi mano y llorarán mientras me escabu-
llo hacia la tierra del no retorno.

Las muertes de mis padres me habían hecho sentirme maldito, tocado por la mano maligna y contagiosa
del destino; me percaté asimismo de que me habían
puesto en contacto con aspectos desconocidos de nuestra bruta existencia corporal. Las expresiones faciales de
mi padre mientras luchaba por respirar; su cuerpo inerte
cubierto por una sábana blanca manchada por los rastros de excrementos expulsados por los músculos de su
esfínter que se relajaban en el momento de la muerte; la
carne del cuerpo de mi padre desmenuzándose y fun-
diéndose mientras desaparecía en las llamas de la pira
funeraria; la piel amarillenta de mi madre mientras su
hígado debilitado bombeaba toxinas a su sangre; sus
pulmones aplastados, sus náuseas y su vértigo, su deriva
hacia el olvido durante sus últimos días. Yo había dejado
el cuerpo de mi madre en la morgue del hospital durante
la noche, sola en aquella casa de la muerte, intentando
convencerme de que aquel cuerpo no era ella, incapaz
de dejar atrás del todo el horror que se había apoderado

de mi corazón incrédulo. ¿Era consciente de que estaba
sola, de que le faltaban sus dos hijos, atrapada en aquel
depósito oscuro, mórbido y frío? Yo había advertido
que, conforme se acercaba la muerte, mi madre se había
desvanecido para ser reemplazada por un cuerpo inerte;
aprendí acerca de la disolución del yo y la personalidad
a medida que su cuerpo se derrumbaba; una lección filosófica profunda y fundamental de la que yo me imbuía
sin análisis textual. Vi la inexorable aparición en ella de
una etapa tras otra, cada una causada por la precedente;
luego, una vida que reconocí que había terminado, una
persona a la que conocía se había marchado. Sin embargo, las huellas físicas de aquella presencia permanecían,
para atormentarme con su semejanza a aquella que me
había traído a este mundo.

Tras el fallecimiento de mi madre, se adueñó de mí
una crisis fundamental; me percaté de que era libre como
nunca antes. Hasta entonces había entendido mi vida
como ligada a mis padres; quizá tenía que aspirar a sus
estándares, buscar su aprobación, vivir la vida menos te-
merariamente debido a sus susceptibilidades; ahora se
habían eliminado todas aquellas barreras; era libre, como
dice la canción, para «hacer lo que quiera en cualquier
momento».[6] Podía librarme de mi sufrimiento, poner fin
a mi existencia, con la seguridad de saber que mis padres
no tendrían que llorar la pérdida de su preciado hijo.
Esta constatación provocó un terror espantoso; era la primera vez que experimentaba temor, al entender al fin a
qué aludían los filósofos existencialistas en sus descripciones de nuestra «terrible libertad» y su ansiedad resul-

tante. Si existía un Dios, habían sido mis padres, y sus muertes se habían llevado con él mi orden moral, mi propósito, mi razón de ser. ¿Para qué vivía? ¿Para quién vivía? ¿Qué sentido tenía todo aquello si no tenía nadie con quien compartirlo? Si mis padres pudieron morir de un modo tan brutal y poco compasivo, lo mismo podría ocurrirles a mi hermano, a mi sobrino, a mi mujer, a mi hija, a mis amigos e incluso a mí. ¿Qué más podía perder?

El trastrocamiento del orden de este mundo por las muertes de mis padres y mi ansiosa condición me hizo experimentar una transformación conceptual en mi comprensión de su funcionamiento; llegó a ser para mí un lugar común filosófico la creencia en las afirmaciones relativas a la maleabilidad de este mundo en virtud de nuestra comprensión consciente, emocional, no enteramente racional de él; y es que esa era mi experiencia, pues el mundo y yo habíamos cambiado a la par una vez muertos mis padres. Dado que vivía en un mundo de incertidumbre, la certeza en cualquier ámbito se me antojaba irrisoria; observaba el arrogante pavoneo de mis insensibles congéneres humanos y pensaba que cualquier golpe los pondría de rodillas. La fragilidad de lo humano y lo no humano, hecho o no por el hombre, era claramente visible; vivir la vida era una temeraria desfachatez. Las muertes de mis padres me habían enseñado que este mundo eran arenas movedizas construidas sobre arenas movedizas; que era risible hablar de certeza; que todas las cosas llegaban a ser y desaparecían; que este mundo contenía muchos mundos dentro de él, que continuaban existiendo incluso cuando otros concluían; que Dios no existía;

que no había verdades más vitales que el amor; que todo cuanto deseábamos era compañía y consuelo espiritual. Descubrí que me atraían las teorías filosóficas que me aseguraban que la vida no tenía más sentido ni valor que los que nosotros le otorgásemos, las que me contaban que mi existencia carecía de un propósito predeterminado. Creer que mi vida tenía un fin prefijado, un destino, una teleología prevista, suponía estar infectado por una ansiedad por no estar llevando a cabo mi propósito en la vida, por estar desperdiciando mi vida. Solo podía mitigar esa ansiedad convenciéndome de que esta vida carecía de propósito, de que no podía convertir en derrota la victoria. Curiosamente, ese pensamiento era más alentador que las etéreas directrices de cómo buscar la Verdad sobre la Realidad y el Ser. Ponía el viento bajo mis alas; que este mundo no tuviera ningún propósito particular, ningún fin en mente para mi vida, era una posibilidad embriagadora y un alivio. Podía limitarme a vivir.

Había descubierto la psicoterapia en la época en la que intentaba convertirme en filósofo profesional; por consiguiente, mi educación filosófica tenía un papel que desempeñar en mi abordaje de la ansiedad; esa era mi terapia, tanto como mis sesiones en el diván. Descubrí la filosofía formal en dos modalidades: estaba la filosofía que parecía técnica y abstrusa, y la que parecía personal y emocional. La primera era el canon clásico de los «filósofos modernos» y los «filósofos analíticos»; estos discutían, de manera agresiva y enfática, sobre las teorías relativas al sentido y la naturaleza de la existencia, la mente, el lenguaje y el conocimiento, sobre las teorías de la referencia, la consciencia y la semántica, y los fundamentos conceptuales de la física y la biología; se imaginaban a sí mismos como comentaristas críticos de las ciencias físicas y sociales, y eso era todo. La filosofía era una observadora crítica e inquisitiva del mundo, una actividad que no llevaban a cabo los seres humanos, sino las escuelas de pensamiento. La identidad del filósofo resultaba irrelevante, lo que importaba eran las doctrinas que producía. Tan impersonales eran dichas doctrinas que yo me sentía ausente; eran irrelevantes para mi vida, para las razones por las que había decidido estudiar filosofía. Yo quería que la filosofía me ayudase con el duelo, con la ansiedad, con la comprensión de por qué mi vida era de aquella manera.

Entre el último grupo de filósofos figuraban los existencialistas: Jean-Paul Sartre, Friedrich Nietzsche, Søren Kierkegaard, Albert Camus, Miguel de Unamuno y Fiódor Dostoievski, entre otros; algunos de estos respetables personajes no eran considerados filósofos en el mundo académico y no aparecían en sus listas de lecturas. En esa compañía, yo hallaba tolerancia y aceptación para mi sufrimiento, mi agudo deseo de que este mundo cruel y absurdo tuviese sentido. Los existencialistas eran melancólicos e introspectivos, y les preocupaba entender por qué sentían lo que sentían; escribían de forma abierta y honesta acerca de la muerte y del absurdo con el que esta amenazaba nuestras vidas. Era consciente de que, al igual que otros seres humanos, yo era un curioso híbrido de emociones e intelecto; el existencialismo, un híbrido a su vez de filosofía y literatura, de emoción e intelecto, me aseguraba que, tras la especulación filosófica abstracta, acechaban seres humanos reales, criaturas concretas de carne y hueso, no representaciones abstractas de teorías predilectas y, desde luego, no solo análisis técnicos de arcanas minucias filosóficas. Los existencialistas hablaban de estados de ánimo, sentimientos y emociones; hacían afirmaciones acerca de la condición humana que eran autobiográficas, que tendían puentes entre literatura, filosofía y psicología, e incluso religión y espiritualidad. Sus declaraciones eran fruto de sus interpretaciones de los estados de ánimo propios y ajenos; no llegaban a ellas mediante intrincadas y pedantes cadenas de argumentos. Solo un existencialista como Kierkegaard podría haber dicho: «También la ciencia, en la misma medida que la poesía y el arte, asume un estado de ánimo tanto por parte del productor como del receptor».[7] Me hacían ver cosas nuevas y cosas viejas de nuevo; me hacían sentir diferente cuando empezaba a leer filosofía. Ponían de manifiesto que la comprensión y el entendimiento de las afirmaciones filosóficas seguían los pasos de nuestra capacidad de aceptarlas en términos emocionales y que, además, si comprendías *verdaderamente* algo, podías llegar a sentir asimismo la emoción apropiada; como insistía Kierkegaard, ciertos temas (y su importancia en nuestras vidas) solo podían comprenderse si adoptábamos los estados de ánimo y las emociones apropiados.[8] Sus formulaciones conectaban el pensamiento filosófico con la tarea de cómo deberíamos vivir: con el fin de entender de modo cabal y adecuado aquello que pensábamos, era preciso intentar vivir de acuerdo con lo que pensábamos. Había llegado al lugar adecuado; allí encontraría lo que necesitaba para vivir, no para «triunfar», «tener éxito» o «ascender socialmente», sino para vivir, incluso si mi vida no siempre era feliz y exenta de ansiedad.

Mi primera reacción entonces, al entrar en contacto con las formulaciones existencialistas de que la existencia precede a la esencia, del absurdo y el sinsentido de la existencia, fue de alivio. No sentía terror ante la posibilidad de que la vida fuese absurda o carente de sentido; ya había recibido confirmación empírica de esa afirmación. Mis padres habían muerto, una señal de que la crueldad de este mundo no tenía límites; sus muertes habían tornado absurdo este mundo y habían expuesto sus liberaciones como una cruel mentira, una fatal tergiversación. Sin embargo, *tampoco el cosmos me había maldecido ni escogido para el castigo*; las muertes de mis padres no constituían ninguna prueba de un ataque preventivo; antes bien, eran acontecimientos que podrían haberle ocurrido a cualquiera, y cuya importancia y sentido dentro de mi vida dependían de la interpretación que yo proyectase sobre ellas; después de todo, si el universo era de veras tan absurdo como parecía ser, ¿por qué habría de estar tan particularmente interesado en mi suerte? Mis ansiedades acerca de los infortunios futuros se habían condensado en el temor a que mi vida fuese por el camino equivocado, un miedo sostenido por expectativas familiares, sociales y culturales, y transmutado en una restricción cósmica: debes vivir tu vida de esta forma, de esta manera. Aunque yo no estuviese destinado al cielo o al infierno, me aguardaban el castigo y el desprecio seculares, forjados sin la sabiduría de la beneficencia de Dios: había desperdiciado mi potencial, había decidido la carrera equivocada, me había conformado con la compañera de vida equivocada y estaba viviendo la vida equivocada de la manera equivocada. Me esperaba el mayor fracaso de todos: el de haber vivido mi vida de forma incorrecta. La vida era informe, pero más aterradora todavía era la posibilidad de un colosal fracaso normativo. El existencialismo prometía alivio de esa espantosa posibilidad; no podía haber decisiones equivocadas. Tenía que encontrar mi propio papel, decidido por mí. No había ningún papel escrito para que yo lo representase en mi vida y del que no supiera estar a la altura; no había ningún proyecto normativo para vivir que no hubiera logrado ejemplificar. Fuese lo que fuese yo, era una cuestión de invención, no de descubrimiento.

La primera liberación que la filosofía me había prometido era la simple ocupación de mi tiempo: me sentía más vivo, más estimulado, menos ansioso, mientras estaba leyendo filosofía (bueno, al menos las variantes bien escritas). Era posible que el brillo se esfumase una vez que dejase el texto, pero algo de él persistía, coloreando mis interpretaciones subsiguientes de los sucesos de la vida y permitiéndome comprenderlos a través de una nueva visión filosófica. En segundo lugar, la filosofía me brindaba en efecto una perspectiva *sub specie aeternitatis*: una elevada «visión desde ninguna parte» que tornaba insignificantes los pequeños temores y preocupaciones pertenecientes a los días de diario ubicándolos en un relieve más amplio. Y, por último, las doctrinas filosóficas como el existencialismo proporcionaban confort psíquico; al mostrarme cómo las decisiones rutinarias de la vida estaban infectadas por las «preocupaciones últimas»[9] con las que se entrecruzaban, me enseñaban que no había nada de mundano en esas decisiones y preocupaciones; cada una de ellas me estaba poniendo en contacto con una ansiedad primigenia y merecía respeto en consecuencia.

Al plantear la posibilidad de la falta de sentido de esta vida, pero no quedar satisfechas con ella, las doctrinas existencialistas habían aliviado la terrible idea, generadora de angustia, de un sentido, un valor y una esencia no descubribles ni realizables por mí. En un mundo sin decisiones equivocadas, tampoco tendrían cabida las ansiedades de la disonancia cognitiva, de las vidas erróneamente vividas. Yo era consciente del valor terapéutico de semejante filosofar y lo abrazaba. Mi ansioso estado me hacía receptivo a él; preparaba el terreno intelectual saturándolo con un campo emocional y afectivo construido y sostenido mediante una ansiedad aguda. La filosofía hecha de esta manera terapéutica no es un vergonzoso estado de cosas; es precisamente como debería ser: filosofía empleada para enseñarnos una mejor forma de vivir, de disipar esas ilusiones y esos engaños que tornan esta vida más dura de lo necesario.

Llegué a la filosofía buscando alivio de la melancolía, de la ansiedad y del procesamiento de mi duelo. No pensaba hallar una solución en la filosofía; confiaba meramente en tener tiempo para leer, para perderme en la palabra impresa y en la sabiduría ajena adquirida con esfuerzo, una manera virtuosa de matar el tiempo, la mejor forma de consumir las horas en una vida que parecía invivible e insoportable en los enervantes despachos y la compañía que conllevaba un horario de nueve a cinco. Tras años de estudio, como estudiante, profesor de filosofía y ahora terapeuta filosófico, constato que mi ansiedad no ha desaparecido. He de vivir con ella: es un componente vital de mi yo en constante evolución. Al hallar la aceptación de mí mismo, considero en especial en qué medida mi ansiedad podría ser una expresión distintiva de mi ser, cómo me ha hecho vivir la vida que hoy vivo y, por tanto, determina así quién soy. Espero que la filosofía pueda brindarte a ti un servicio similar, que pueda ayudarte a aceptar que siempre sentiremos ansiedad, que no tenemos que estar ansiosos por estar ansiosos.

La filosofía no es una doctrina abstracta, una carrera, una manera de ganar en las discusiones, un modo de sonar culto, esotérico o sofisticado, sino una viva prescripción que habla desde y al corazón y la mente. La filosofía ha marcado una diferencia en mi vida; confío en la lectura y el pensamiento mediante la filosofía, y en prescripciones no farmacológicas como la meditación, el senderismo, el alpinismo, las carreras y la halterofilia, para que me ayuden a «lidiar con» mi ansiedad. No a «conquistar», no a «sanar», no a «curar»; no albergo ninguna esperanza de que esa vaya a ser mi relación con la ansiedad. Las palabras que empleo, en cambio, son «aceptar», «vivir con» y, en términos más coloquiales, «ser dueño de». Mi ansiedad no es ajena ni externa; es mía; soy yo. La guía que me ha brindado esta comprensión ha sido la influencia mutua entre la filosofía y mi vida. Confío en que este libro haga lo mismo contigo.

LAS ANSIEDADES DE LA EXISTENCIA

La antigua religión y las prácticas del budismo muestran la filosofía como una empresa práctica, moral y terapéutica, que ofrece «vehículos para la autotransformación» y «soluciones prácticas» para «la profunda experiencia de sufrimiento» de sus seguidores;[1] la tarea explícita para una terapia filosófica basada en el budismo consiste en ofrecer «tratamiento para la insatisfacción profundamente arraigada».[2] Esta es una tarea ambiciosa, y las complejidades de las doctrinas budistas (que son varias) y sus rigurosas demandas están orientadas a garantizar que la autotransformación y las soluciones prácticas personalizadas hallen una intensa expresión tanto en la teoría como en la práctica budista.[3] La noción de «tratamiento» aquí invocada nos recuerda que el Buda era considerado por sus discípulos un doctor, «el Gran Médico» que ofrecía diagnósticos, pronósticos y prescripciones para «los males espirituales del mundo sufriente».[4]

El más destacado de los «males espirituales» que causan a los seres humanos una «insatisfacción profundamente arraigada» es el complejo y con frecuencia malinterpretado concepto del *dukkha*. Aunque el *dukkha* se entiende a veces como mero «sufrimiento», un examen de su naturaleza y sus supuestas causas revela que es, amén de otros afectos y sentimientos, una aguda ansiedad, un malestar existencial, resultante de una incapacidad intelectual y emocional de afrontar los hechos puros y duros de la existencia (incluida la naturaleza de la identidad personal humana). Leemos que el Buda sostiene que estar vivo —y, crucialmente, equivocado— es estar ansioso, afligido, temeroso y furioso; nuestro primer paso hacia el alivio es una comprensión auténtica e imperturbable de la naturaleza del mundo y del lugar de la existencia humana en él. Si malinterpretamos la naturaleza del mundo y, lo que es más importante, de nosotros mismos (si confundimos esa soga con una serpiente, o viceversa), estaremos ansiosos y sufriremos de formas harto peores de lo necesario.

El Buda enseñaba una aguda comprensión y aceptación del mundo y de nuestra identidad personal; una vez que comprendes cómo «funciona» el mundo y quién y qué eres, el *dukkha* humano se revela como una especie de sufrimiento innecesario, basado en una profunda y fundamental incomprensión metafísica de la naturaleza de la realidad. Extravíate en esta concepción del mundo y sufrirás; corrige esta visión y podrás rescatarte de una especie de sufrimiento existencial agudo. Así pues, el budismo considera la ansiedad, al igual que la ira, una enfermedad que ha de ser curada; sus prácticas pretenden mejorar y minimizar su impacto en nuestras vidas. El Buda afirmaba que podía alcanzarse un género muy particular de «tranquilidad» «modificando las creencias de las que depende la turbulencia emocional»,[5] que podía ofrecer a sus seguidores, más allá de la construcción y la evaluación de argumentos filosóficos (un sello distintivo perdurable de las animadas discusiones entre el Buda y sus discípulos), una variedad de técnicas para alcanzar tales estados de ánimo entre las que figuran «los esfuerzos para serenar la mente, la observación atenta de los estados mentales, la modificación de los hábitos, la anticipación, el aplazamiento, la distracción, el consejo o el consuelo, la invocación de modelos de conducta, el autoexamen y la confesión».[6] Estas instrucciones y estos métodos perviven en nuestros días; todos los libros populares de autoayuda sobre la ansiedad incluyen alguna variante de estos ejercicios espirituales fundamentales. Ahora bien, la tranquilidad que ofrecen estas prácticas, si se llevan hasta sus estados finales previstos, es «la ausencia total o casi total de emociones tales como la ira, el temor o la aflicción».[7] Puede que no deseemos semejante vida desprovista de afectos, habida cuenta de la valencia política y moral a menudo deseable de emociones tales como la ira, una complicación en la aceptación del budismo por parte de aquellos que aspiren a modos de vida no monacales. No obstante, merece la pena recorrer el camino hacia esa tranquilidad prometida si garantiza *algún* alivio de una clase muy particular de sufrimiento que nos aflige.

Para el Buda, la ansiedad suponía un problema, la emoción engendrada en una situación en la que un ser como nosotros se engaña acerca de lo que es y acerca de la naturaleza del mundo en el que habita; una lamentable

aflicción que ha de evitarse y curarse alterando los términos de esta relación con la existencia. Como pronto veremos, mientras que esta actitud hacia la ansiedad distingue
el budismo de los abordajes existencialistas, ambos coinci-
den de manera significativa en que su causa es nuestra aguda percepción consciente o sublimada de nuestra muerte,
nuestra mortalidad, nuestra vida finita, nuestras limitaciones y condiciones constitutivas decididamente humanas.
El contraste entre estas dos concepciones de la ansiedad
estriba en que, cuando seamos iluminados por el budismo
y nos percatemos de nuestra auténtica naturaleza, nos libe-
raremos de la ansiedad, mientras que, cuando nos dejemos
guiar por el existencialismo, abrazaremos nuestra angustia
para comprender nuestra verdadera naturaleza. Ahora
bien, en ambos casos, no debemos huir de la ansiedad: en
el caso del budismo, entendiendo sus causas y cómo nuestras confusiones yacen en sus raíces. Ello requiere que ins-
peccionemos de cerca la naturaleza de la bestia (nuestra
mente), mediante técnicas de atención plena (mindfulness)
o meditación, que nos permitan un estudio de la consciencia en primera persona con el fin de examinar nuestros
pensamientos y comprender su relación con lo que quiera
que creamos ser.

Para comprender la noción budista de la ansiedad,
consideremos las Cuatro Nobles Verdades que el Buda
ofreció a sus discípulos como antídotos para las perplejidades de este mundo: existe sufrimiento en este mundo;
este sufrimiento posee una causa identificable; este sufrimiento se puede aliviar; esta es la manera de hacerlo. La
Primera Noble Verdad del budismo advierte la innega-

ble y aguda insatisfacción humana con la existencia, uno de cuyos componentes indelebles es el *dukkha*. El Buda señalaba a continuación que nuestro primer paso hacia el alivio, tal como se expresa en su Segunda Noble Verdad, el hecho de que nuestro sufrimiento posee una causa, es una comprensión genuina e imperturbable de la naturaleza del mundo y del lugar de la existencia humana en él. Nuestro sufrimiento no es misterioso ni inexplicable; se basa en los hechos puros y duros de la existencia humana. Para entenderlo, debemos aceptar con resolución la naturaleza de la condición humana, su finitud, limitación y circunscripción por las particularidades metafísicas del mundo. El budismo nos plantea entonces la exigencia de que nuestras reacciones emocionales al mundo sean conscientes de cuanto descubramos y conozcamos sobre su naturaleza y le presten atención; nuestra reacción emocional al sufrimiento, la pérdida y el dolor ha de ser atemperada por esta comprensión fruto del esfuerzo y esta valoración realista de la relación entre nuestro sufrimiento y las limitaciones que nos impone la existencia.

El Buda jamás se mostraba pesimista respecto de nuestras posibilidades de liberación y salvación; una visión del budismo notable en Occidente como un pesimismo incesante, una especie de náusea mundana o rechazo del mundo, es profundamente errónea.[8] Antes bien, el Buda ofrecía un pronóstico optimista mediante la Tercera Noble Verdad: el sufrimiento se puede mitigar a través del Sendero Óctuple revelado en la Cuarta Noble Verdad, una combinación de actitudes mentales y, de manera relevante, prácticas y compromisos orientados hacia el desarrollo de hábitos que nos permitan vivir la vida más «hábilmente». La promesa del budismo es que podemos aliviar nuestro sufrimiento, nuestro *dukkha*, nuestra ansiedad, transformando nuestro modo de percibir y conocer el mundo; podemos lograr la salvación o la liberación, alcanzar el dichoso estado del nirvana, mediante una forma de despertar o «llegar a ver», un largo y lento proceso de eliminación de aquellos obstáculos de nuestra mente que nos han impedido ver lo que somos y quiénes somos en realidad; es esta «incapacidad de ver» la que apuntala nuestra ansiedad. Como señalaba el Buda, «el sufrimiento por la insatisfacción de la existencia no iluminada» puede evitarse mediante la «percepción transformadora» o la capacidad de «ver y conocer las cosas tal como verdaderamente son». La numerosas maniobras terapéuticas que contribuyen a semejante visión recomendada por el Buda a sus discípulos a lo largo del Sendero Óctuple de la Acción y el Deber Justo resultan de pasar de ser un practicante no cualificado de las artes de la vida a ser uno cualificado, de ser uno que está perpetua y miserablemente mareado en una larga travesía por los océanos a uno que aprende a caminar con facilidad por una cubierta resbaladiza y basculante en un barco agujereado que atraviesa un mar inmenso, profundo y tempestuoso. La persona que hace esto está pertrechada con el conocimiento de las particularidades físicas de la cubierta y, al mismo tiempo, con un agudo conocimiento de sus capacidades personales; ambos saberes se conjugan con habilidad en la práctica del «andar diestro y equilibrado».

Una reacción simplista e irreflexiva a las Cuatro Nobles Verdades del budismo consiste en tacharlas de banales y triviales. Pero seguimos sin mostrar inclinación alguna a subirlas a bordo; decimos que son obvias, pero no respondemos a su verdad con nuestros pensamientos y acciones. A modo de analogía, imaginemos a alguien que está ciego y se ha sometido a una operación ocular para restaurar la vista. Cuando le quitan los vendajes, le preguntamos si puede ver. Responde que sí, pero enseguida se tropieza con una mesa que tiene delante. Por tanto, aún no ve. O imaginemos a alguien que va a ver una película y empieza a llorar y gemir en cuanto aparecen los créditos. Cuando le decimos que se recomponga y salga, porque ha terminado la proyección y está a punto de comenzar la siguiente, se niega a salir; diríamos que no comprende lo que es una película, cómo se supone que discurre y acaba. Diríamos que necesita familiarizarse con el concepto de una «película» para poder relacionarse con ella de un modo que no le provoque tanto malestar. Tal es nuestra situación con respecto a nuestra comprensión de la naturaleza de la realidad y nuestro lugar dentro de ella. (En respuesta a esta analogía, no valdrá sugerir que el espectador está siendo simplemente «emocional» o se encuentra «alterado»; el Buda sugeriría que, si semejantes emociones nos causan malestar, hemos de conjugarlas con la comprensión de *lo que es una película* y lo que conlleva verla).

El *dukkha* es el sufrimiento existencial agudo. El *dukkha* no es la mera expresión de malestar ante las diversas desgracias empíricas de este mundo, tales como la

pérdida de un empleo o de una renta, o el dolor físico y
las molestias de una enfermedad o una lesión; no es el
simple temor a las amenazas visibles e identificables como
un animal furioso o una serpiente venenosa en nuestro
camino. Sabemos que esto es así porque incluso si se ga-
rantizasen los empleos, las rentas, las viviendas seguras y
los días libres de dolores y enfermedades, y se neutrali-
zase a los animales peligrosos, seguiríamos sintiendo el
dukkha, ya que ese sentimiento es el agudo sufrimiento
del ser sintiente enfrentado a la impermanencia y la transitoriedad de su mundo vivido, con la ignorancia acerca
de su auténtico yo y con la inabordable dificultad de satisfacer sus interminables y fácilmente frustrados deseos.
El sufrimiento existencial que experimentamos está basado en «la frustración, alienación y desesperación resultantes de la consciencia de nuestra propia mortalidad».[9]
Nos sentimos frustrados porque no podemos concluir
nuestros proyectos vitales ni esperar cosechar las recompensas en perpetuidad; todo disfrute semejante ha de estar limitado por el tiempo y teñido del miedo a su pérdida. Durante cualquier estado placentero, no podemos
evitar sentir que dicho estado terminará pronto para ser
reemplazado por su privación, o que nos saciaremos y
empezaremos a anhelar, con desesperanza e impotencia,
el estado deseable perdido. (De hecho, semejantes estados placenteros, como los bonitos días de primavera o de
otoño, nos provocan una ansiedad especial, toda vez que
tememos su prematura finalización, su vulnerabilidad a
ser «desperdiciados» por nosotros, su condición posiblemente irrepetible). Experimentamos la alienación por-

que nos sentimos enajenados en este mundo, tanto en la esfera política como en la económica, que se hallan controladas y administradas por fuerzas que escapan a nuestro control y a nuestros cálculos, así como en la esfera privada, donde nos encontramos solos y aislados en nuestra única, incomunicable e inefable subjetividad, que jamás puede armonizarse de manera satisfactoria con la de otras personas. Irónicamente, este aislamiento extremo se torna evidente sobre todo cuando estamos enamorados y nos percatamos de que incluso aquellos a quienes más amamos, como nuestros padres, nuestra pareja y nuestros hijos seguirán siendo, en un nivel profundamente significativo, completos desconocidos. Nos sentimos desesperados porque cobramos consciencia de que somos limitados y mortales en nuestra vida, en nuestras capacidades y en nuestros logros; vislumbramos una Tierra Prometida y sabemos que es material o físicamente imposible llegar a alcanzarla; nos sentimos impotentes ante la naturaleza para impedir el daño a nuestros seres queridos y a nosotros mismos; no podemos detener el inexorable avance del tiempo, la enfermedad, la decadencia y la muerte. (El pragmatista estadounidense William James, el más sensible de los filósofos, tomó nota de «un horrible temor en la boca de mi estómago, una sensación de la inseguridad de la vida»; esta irreprimible sensación, surgida de nuestra dolorosa consciencia de los peajes que se cobra este mundo, apuntala nuestro *dukkha*.[10] La inevitabilidad del dolor y la pérdida, y nuestra consciencia y nuestro conocimiento instintivos y profundos de ella, por mucho que la disfracemos, aproxima la comprensión por parte de James de sus aflicciones psíquicas a la formulación budista del *dukkha*).

El día en que nació mi hija, sentí un gran regocijo, incluso mientras reconocía hechos casi demasiado dolorosos para registrarlos aquí: que no puedo impedir que sufra en su propia carne la pérdida y la desesperación; que nada de la fuerza de mi amor y mis anhelos parentales puede alterar la naturaleza del mundo en el que ha nacido; y, por último, la sobrecogedora consciencia de que ella también fallecerá algún día. Confío en no estar vivo para entonces, incluso mientras soy consciente de que, al esperarlo, espero que solo uno de nosotros tenga que soportar el dolor del fallecimiento del otro. Estos oscuros pensamientos con los que hemos de jugar son las sombras perennes en nuestras vidas que ningún ser humano puede evitar, por muy rico, poderoso y deseable que sea. Nos esforzamos por dejar nuestra huella, por ser memorables, pero nuestro destino —de especial interés para seres que no pueden dejar de preguntarse qué viene después— es el olvido. ¿Qué hay entonces de este mundo y de todas sus demandas?

Para los budistas, la ansiedad existencial es una especie de *dukkha*; no es neurosis; no es un signo de libertad, de autenticidad ni de la posibilidad ilimitada de acción y elección. Antes bien, es la condición de una criatura ignorante, confundida respecto de su propia naturaleza, que busca a tientas en la oscuridad, y se lastima a sí misma y a los demás con sus engaños y su ignorancia, con sus reacciones temerosas ante la posibilidad siempre presente de decadencia, disolución y muerte en su vida. La ansiedad, el *dukkha*, que padece es inútil e innecesaria, y puede y debe aliviarse o eliminarse.

Para el Buda, existen tres errores del conocimiento y la comprensión que subyacen a nuestro *dukkha*. En primer lugar, que el mundo es transitorio y dinámico, siempre cambiante y nunca estable, perpetuamente generador de incertidumbre, lo cual resulta en nuestra inestabilidad emocional y física frente a sus inesperados desafíos. (Por supuesto, la sugerencia de que el mundo está en continuo cambio, de que el momento presente es efímero y fugaz, puede ser asimismo una fuente de consuelo, porque «esto también pasará»). En segundo lugar, este perpetuo devenir garantiza que nuestros deseos no pueden ser satisfechos de forma permanente, ya que la satisfacción segura y perdurable solo puede lograrse en un mundo que proporcione lugares de reposo, descanso y quiescencia. Puedo desear y conseguir un cucurucho de helado, pero incluso mientras lo tomo, soy consciente de que esa sensación placentera terminará y, además, de que alcanzaré, si de hecho continúa, un punto de plenitud, pues toda satisfacción de deseos viene seguida por la saciedad, el aburrimiento o la ansiedad respecto de la pérdida de la posesión deseada en cualquiera de sus formas, tangibles o no. Este «sufrimiento en virtud de la transformación» garantiza que seamos seres atrapados en una especie de inseguridad psíquica y emocional aguda. (Estas formulaciones de la inestable saciedad de nuestros deseos aparecerían con posterioridad en la obra del filósofo alemán Arthur Schopenhauer, quien reconocía enfáticamente su deuda con las religiones y la filosofía orientales. A veces se califica a Schopenhauer como el «más pesimista» de los filósofos, pues es consciente de que la satisfacción de un deseo meramente da pie a que otro ocupe su lugar; de que, al perseguir nuestros deseos interminables, estamos condenados a oscilar entre la captura desesperada, la saciedad y el aburrimiento).

Sufrimos, pues, porque nuestra consciencia está contaminada y manchada por el conocimiento de que nuestra felicidad depende de un mundo inestable, dinámico, en continuo devenir, que no se halla bajo nuestro control; conscientemente o no, nos percatamos de que la felicidad es fugaz, de que todas las posesiones, tangibles o intangibles, se encuentran amenazadas por la pérdida. De las numerosas variantes de la ansiedad, esta corrompe y destruye hasta nuestros escasos momentos de gozo y placer, ya que somos conscientes de que cualquier felicidad resultante de un gran esfuerzo emocional y físico podría terminar en cualquier instante, por razones que solo resultan comprensibles una vez experimentadas. Lo desconocido, lo informe y lo incognoscible conspiran para tornar hueca nuestra satisfacción actual, pues somos conscientes de que acabará en algún momento del futuro no remoto y, de hecho, podría transformarse con facilidad en exactamente lo contrario. Vivimos por tanto en un estado de consciencia en varios niveles de la fragilidad de la existencia, de la incertidumbre respecto de si nuestra felicidad nos será arrebatada, del destino de nuestros seres queridos y de todo aquello que apreciamos; este conocimiento es sumamente doloroso. Sabemos que podemos presentir la tempestad después de la calma; somos conscientes del acecho permanente de la decrepitud, la pérdida, la muerte y la privación. Nuestra experiencia de esta consciencia inextinguible es el *dukkha*. Dentro de esta concepción budista, los ansiolíticos erran el blanco por completo, ya que no pueden curar el sufrimiento que nos causan la pena o la ira, ni pueden disminuir nuestra consciencia de la inevitabilidad de la muerte, ni mitigar nuestro aferramiento, nuestra sed, nuestro deseo de los transitorios y efímeros bienes y gozos de este mundo.

Para el Buda, padecemos especialmente la ignorancia respecto de *quiénes somos*, pues el yo que imaginamos ser no existe del modo en que lo imaginamos; permaneceremos en el engaño y el sufrimiento mientras ignoremos «la tesis del no yo». Este último punto, el tercero y final error de conocimiento que asegura nuestro sufrimiento, es la más esotérica y, sin duda, la más controvertida de las doctrinas budistas; es asimismo la más fundamental y la más importante de las enseñanzas budistas, como el Buda sugería de manera persistente. A saber: estamos ansiosos porque nos preocupa el destino de una cosa u objeto particular, nuestro preciado «yo» (a quien pertenece nuestro cuerpo cuando decimos «mi cuerpo»). Son las pérdidas de este yo, sus infortunios, su aprehensión de la nada que sucede a la muerte lo que causa nuestra ansiedad; son las venturas de este yo, sus logros y su fama lo que buscamos con denuedo. Sin embargo, el Buda ofrecía un análisis deconstructivo y deflacionario de la identidad personal con el fin de descartar la noción de un «yo» perdurable e idéntico a lo largo del tiempo, un ego, o un alma, que funciona como un locus para nuestra ansiedad y, en los mundos sociales y morales que habitamos, como un locus para la culpa moral y legal, la agencia y la responsabilidad.

En la visión budista, estamos compuestos, en cambio, por cinco «fardos», «montones» o «pilas» en constante y rápido cambio: el cuerpo (forma), la sensación, la percepción, la volición y la consciencia; pero no existe aquí ningún «yo» perdurable. El «yo» es en rigor un escenario rápidamente mudable de procesos dinámicos persistentes y consta de partes que no son en sí mismas el «yo». No somos más que estos cinco fardos dinámicos; somos bolsas animadas de sangre, carne y agua con una forma particular, que perciben, sienten, se mueven y son conscientes, pero no existe ninguna entidad perdurable a la que esto pertenezca; ninguna de estas cosas constituye el ensalzado «yo» o «individuo». Somos sitios, los lugares donde estos cinco procesos dinámicos se encuentran y conforman una unidad visible durante un periodo prolongado; cada etapa de este proceso produce causalmente la siguiente, pero no existe ninguna entidad perdurable. Poseemos forma, sensación, percepción, volición y consciencia; y no se encontrará en ningún lugar un yo duradero.

Sin embargo, este yo es la entidad que constituye el locus de nuestros temores y nuestras preocupaciones; le ponemos un nombre mediante elaboradas ceremonias bautismales, nos preocupamos de su bienestar, intentamos proteger su cuerpo de agresiones externas y lesiones, sus venturas y desventuras nos causan felicidad y pesar; lloramos y tememos la disolución en la nada de este yo.

Tan profundo y arraigado es nuestro apego al yo que, hasta que no prestamos atención sistemática a nuestros pensamientos, no nos percatamos de que, mientras tenemos pensamientos, estos no se hallan vinculados a ningún propietario; el contenido de nuestros pensamientos es otros pensamientos; la presencia de tales pensamientos de orden superior resulta ser el requisito del «pensar». Y si estos pensamientos y este cuerpo carecen de dueño, ¿por qué nos preocupamos entonces por el destino, la pérdida, la fortuna, la recompensa y el logro, que solo adquieren sentido y relevancia cuando se vinculan con alguien o con algo que gana o pierde con ellos? Nuestro sufrimiento es como es porque estamos confundidos respecto de quiénes somos y quiénes son los demás. Mientras el centro de nuestras preocupaciones siga siendo el «yo» o el «ego», continuaremos atrapados en las ataduras de este mundo, que solo puede ofrecer tentación y deseo insaciable, así como el dolor, la enfermedad, el sufrimiento y la muerte inevitables de los mortales. El «yo» convencional es distinto y está separado del cosmos; supone una escisión fundamental que nos aparta del resto de «todo cuanto existe»; la visión budista del yo inexistente nos devuelve a su seno turbulento y pasamos a ocupar el lugar que nos corresponde con el resto de la creación. No somos distintos ni estamos separados, desterrados para ser nosotros mismos; siempre formamos una unidad con el Uno. No somos forasteros arrojados en el mundo; nunca nos hemos marchado ni iremos a ninguna parte cuando muramos. (Esta visión de la unidad cósmica o «unicidad» es referida por quienes emprenden viajes psicodélicos;

para las personas en cuidados paliativos, tales experiencias pueden ser profundamente reconfortantes, en la medida en que prometen que la muerte puede ser un retorno y una transformación, no una extinción ni un borrado).

Esta noción de que el yo eterno, inmortal e inmaterial es una conveniencia lingüística, una especie de mango que acoplamos a una entidad rápidamente cambiante (al igual que insistimos en emplear un nombre perdurable como «Liverpool Football Club» para referirnos a un equipo deportivo con una plantilla que no cesa de cambiar), se exhibe en este célebre y frecuentemente citado diálogo del canon budista entre el rey indio Milinda y un monje budista errante, Nagasena:

MILINDA: ¿Cómo es conocido Su Reverencia, y cuál es, señor, vuestro nombre?

NAGASENA: A mí se me conoce como Nagasena, oh rey, pero es solo una designación para el uso común, porque no existe una individualidad permanente.

MILINDA: Si, muy venerable Nagasena, esto es así [...] entonces no hay mérito ni demérito, no hay ni sujeto (actor) ni causa de las buenas o malas acciones, no hay ni fruto ni resultado del buen o mal karma. Decís que os llaman Nagasena; ahora bien, ¿qué es este Nagasena? ¿Son los cabellos? ¿Son las uñas, los dientes, la piel u otras partes del cuerpo? ¿O es el cuerpo, o las sensaciones, las percepciones, las formaciones o la consciencia? ¿Es acaso la combinación de todos estos elementos? ¿O es Nagasena algo fuera de ellos?

NAGASENA: No es ninguno de ellos.

MILINDA: Entonces no puedo descubrir ningún Nagasena. Nagasena es un sonido vacío. ¿Quién es pues el Nagasena que vemos ante nosotros? Es una falsedad lo que ha dicho Su Reverencia.

NAGASENA: ¿Cómo habéis venido vos hasta aquí, señor: a pie o en carro?

MILINDA: En un carro, venerable señor.

NAGASENA: Explicadme entonces lo que es, señor. ¿Es el eje? ¿O es el carro las ruedas, el chasis, las riendas o el yugo? ¿Es la combinación de todos estos elementos o es algo aparte de ellos?

MILINDA: No es ninguna de estas cosas, venerable señor.

NAGASENA: Entonces, señor, este carro es un sonido vacío. Habéis dicho una falsedad al afirmar que habéis venido aquí en un carro.

MILINDA: Venerable señor, yo he dicho la verdad. Si se designa con el término *carro* es precisamente porque contiene todas estas partes.

NAGASENA: Señor, es en virtud de los cinco agregados del ser por lo que yo caigo bajo el término «Nagasena». Al igual que la palabra *carro* se emplea por la existencia de las diversas partes, cuando se hallan presentes los agregados del ser hablamos de un ser.[11]

Para el Buda, la persona ansiosa era ignorante y se engañaba al aferrarse a una realidad voluble en constante transformación, agarrándose con fuerza a las posesiones pasajeras y en continuo devenir que pertenecen a un ser inexistente. En la visión budista, la ansiedad que sufri-

mos es enteramente explicable: tenemos un miedo permanente a la pérdida, a todos los posibles ultrajes a los
que pueda someternos el mundo, por la transitoriedad de
todo cuanto poseemos y atesoramos. Al mirar hacia delante, podemos prever nuestra propia dolorosa enfermedad, decrepitud y decadencia, asociadas con un «yo»
particular, el ego, al que mis padres han puesto un nombre particular. Nuestra sed existencial resultante, que
dimana de la ignorancia de nuestro estado de no yo, se
agarra a, desea, forma apegos desesperados y condenados con «los placeres sensoriales, la riqueza y el poder
[...] ideas e ideales, visiones, opiniones, teorías, concepciones y creencias».[12] (Obsérvese que el Buda no distingue entre el aferrarse a bienes tangibles o intangibles; el
apego a las ideologías, a las formas rígidas de pensar, actuar y creer, causará tanto daño como el apego a los bienes y las riquezas materiales). Esto implica un crecimiento incesante del «deseo, la voluntad de ser, de existir, de
volver a existir, de llegar a ser cada vez más, de crecer
cada vez más, de acumular cada vez más».[13] Pero tales
acumulaciones y posesiones son precisamente las que se
ven amenazadas por este mundo incierto y en eterno
devenir sobre el que no tenemos ningún control; por
consiguiente, siempre estamos ansiosos.

Por tanto, la ansiedad surge en nuestro interior; no es
provocada por el mundo exterior. El mundo es lo que es;
nuestra relación con él, nuestro conocimiento de él, causa nuestra ansiedad. Nuestras mentes son sus creadoras;
cuando tratamos de eliminar el objeto (alguna amenaza
empírica) que causa temor y ansiedad, fracasamos en el

intento de controlar algo distinto de nuestra mente. Si no podemos cambiar el mundo, si su dinamismo y su incertidumbre escapan a nuestro control, y si no somos capaces de adormecer nuestros sentidos, entonces lo único que podemos hacer es dominar nuestras respuestas cognitivas al mundo: cómo interpretamos y juzgamos las ofrendas o las afrentas del mundo y reaccionamos a ellas.[14]

Para hacerlo, el primer paso consiste en prestar atención al funcionamiento de la mente, estudiar cómo reacciona esta ante los objetos de temor, ante las irritaciones, los insultos, las interrupciones, las privaciones y las pérdidas. Esta consciencia acrecentada de las interacciones de mente y cuerpo ha de obtenerse mediante prácticas habituales y disciplinadas de meditación dirigida y atención plena (mindfulness), un estudio en primera persona de nuestra consciencia logrado al retirar nuestra atención de las distracciones de este mundo para centrarla en nosotros mismos; esta consciencia nos lleva a concentrarnos en el momento presente, lo cual nos permite distanciarnos de los lamentos o los recuerdos arrepentidos del pasado, así como de la temerosa y ansiosa anticipación del futuro. De este modo, el Buda nos pedía que prestásemos atención a nuestra mente, la sede y el escenario de la felicidad, la tristeza, la ansiedad o el placer; nuestro exaltado objeto de estudio somos nosotros mismos; deberíamos averiguar quiénes y qué somos a fin de comprender por qué sentimos y pensamos de esta forma. La atención plena y la meditación (logradas mediante diversas técnicas y prácticas nada triviales que requieren un firme compromiso y disciplina) nos permiten estudiar nuestros pensamientos; una vez que entendamos nuestra relación con nuestros pensamientos, podremos comprender que no somos sus rehenes; podemos llegar a percatarnos de que se trata de «pensamientos sin un pensador». (Estas prácticas apartan además de nosotros mismos y de nuestras preocupaciones cotidianas nuestra atención egocéntrica, egoísta y presa del pánico; paradójicamente para algo popularmente concebido como un ejercicio relajante, la meditación supone una profunda *disrupción* de nuestras formas y medios de pensamiento egocéntrico y ansioso).

La localización en nuestra mente de la solución para la vida con ansiedad resulta desalentadora a la par que prometedora: el alivio está muy cerca, pero esta proximidad es un espejismo porque el camino hacia la liberación es largo y tedioso, toda vez que los métodos budistas de atención plena y meditación exigen un esfuerzo extraordinario para lograr el prometido estado de nirvana, lo cual los sitúa fuera del alcance de la mayoría de los laicos, un problema reconocido por el propio Buda, quien ofrecía múltiples niveles de análisis y prácticas en sus sermones a sus discípulos, en función de su compromiso respectivo con la vida de la iluminación; no todas las pobres almas que asistían a los sermones del Buda pretendían llegar a ser mendicantes o monjes que pedían limosna y buscaban la vida dedicada a la contemplación solitaria. Ello sugiere que, aunque es posible que nunca alcancemos la meta de la liberación y la salvación, hemos de aceptar y vivir con la ansiedad. No rehuimos los encuentros con la ansiedad, sino que le plantamos cara.[15]

Por consiguiente, los maestros budistas hacen hincapié de forma reiterada en que vivamos con nuestra ansiedad; insisten en que la dominemos, no evitándola, sino más bien aceptando la inevitabilidad de la incertidumbre y confiando en nuestra capacidad, históricamente demostrada con frecuencia, de navegar por las consecuencias previsibles de un mundo dinámico en perpetuo devenir.[16] Como dice la monja budista Pema Chödrön de múltiples formas elegantes:

> Exploramos la realidad y la impredecibilidad de la inseguridad y del dolor, e intentamos no rechazarlos.[17]

> El guerrero acepta que jamás podemos saber lo que nos sucederá a continuación [...]. La verdad es que nunca podemos evitar la incertidumbre. Este no saber forma parte de la aventura. Es asimismo lo que nos hace temerosos.[18]

> La pregunta central [...] no es cómo evitar la incertidumbre y el miedo, sino cómo gestionar la inquietud.[19]

> Con la práctica [...] aprendemos a vivir con [...] un temor indescriptible.[20]

> Tememos perder nuestra ilusión de seguridad; eso es lo que nos provoca ansiedad. Tememos estar confundidos y no saber qué camino tomar.[21]

> La ausencia de ego es [...] nuestra capacidad de relajarnos con el no saber, no comprenderlo todo, con no estar

seguros en absoluto de quiénes somos ni de quiénes son los demás.[22]

En el mandamiento budista de admitir la presencia del sufrimiento como una condición de la vida, la afirmación más directa y transparente de todas, yo encontraba una gran simplicidad: existe el sufrimiento; mientras sigamos siendo ignorantes, continuaremos sufriendo. También se me antojaba una idea castigadora, pues me sentía culpable de mi sufrimiento; mi pensamiento era la raíz de mi desasosiego en este mundo. Pero el pronóstico y el diagnóstico del budismo, su optimismo respecto de la posibilidad de cura, su provisión de un camino de conducta definido mediante prácticas explícitas que penetraban en todos los rincones de la vida vivida, resultaban asimismo profunda y enérgicamente empoderadores: yo era el arquitecto y el creador de mi destino, siempre y cuando entendiese quién o qué era yo.

En mi infancia me había imaginado ingenuamente que no habría ningún sufrimiento en este mundo, en virtud de la falsa seguridad inducida por la reconfortante crianza y educación que me proporcionaron mis padres, con su aparente dominio del cosmos. Me había sentido decepcionado, de la peor de las formas, por la desaparición de esos guardianes, por la evidencia visible y aguda de que no eran permanentes ni indestructibles. El fracaso de la humanidad, como el mío propio, era una neurótica incapacidad de afrontar las características constitutivas de la existencia; su obstinada negativa a aceptar las severas demandas de la existencia era la razón de su sufrimiento. En el budismo encontré el mandato de dejar atrás una comprensión infantil del mundo para verlo despojado de melancólicas ilusiones, de engaños interesados y narcisistas. Las tesis más esotéricas del budismo (que el filósofo escocés David Hume redescubriría en su obra maestra de la filosofía moderna *Tratado de la naturaleza humana*), en virtud de las cuales no existía ningún yo, sino tan solo un haz de percepciones y sensaciones que podían descubrirse mediante la introspección, no resonaban con mis experiencias sentidas, si bien su verdad se hacía patente durante mis experimentaciones psicodélicas, en las que descubría —como hizo el escritor Michael Pollan durante sus ceremonias de ayahuasca— que mi yo se disolvía en el mundo circundante.[23] (Eso era asimismo lo que me prometía la física moderna; yo era polvo estelar y regresaría a esa forma una vez concluido y sacudido este modo de ser en el mundo). Esa pura nada del yo era lo que desconcertaba a los devotos del Buda, que preguntaban de manera reiterada y persistente: «¿Qué me sucederá después de la muerte?». En respuesta, el Buda insistía en que esa pregunta estaba mal formulada; sencillamente no era adecuada al caso; era un error categorial. Para un yo inexistente, no surgía cuestión acerca de su supervivencia, su extinción o sus infortunios.[24]

Incluso si nunca alcanzamos plenamente ese estado de creencia en la tesis del no yo, nuestras prácticas contemplativas que nos obligan a centrar nuestra atención en el contenido de las Cuatro Nobles Verdades pueden permitirnos al menos mantener una distancia irónica (y posiblemente hasta divertida) respecto de la idea misma de un yo idéntico y perdurable, capaz de poseer de modo permanente cualquiera de estos bienes siempre cambiantes y destructibles de este mundo en perpetuo devenir. Quizá sea este el motivo por el que el Buda recostado o sentado siempre se representa con un esbozo de sonrisa en su rostro. Sabe «qué pasa» y «qué hora es»; puede contemplar el juego de este mundo y los engaños de sus habitantes con una mirada de divertida indiferencia, si bien lleno de compasión por sus compañeros de fatigas.

Para el Buda, la ansiedad y el sufrimiento dimanan de las disposiciones, las tendencias y los hábitos; nuestra salvación reside en reconvertirnos mediante el esfuerzo lento, decidido, paciente y persistente durante el transcurso de la vida; nuestra dedicación a esta actividad es nuestra recompensa y nuestra liberación. Nunca estamos intentando buscar un punto final, una etapa en la que seremos liberados milagrosamente de la ansiedad. Nuestra única liberación consiste en la acción de trabajar sobre nosotros mismos; jamás seremos conducidos a ningún lugar, a ningún punto de descanso de reposo final. Nuestro viaje estará repleto de ansiedad; hemos de aceptar a esta compañera mientras continuemos caminando por la vida.

LIBRES PARA SENTIR ANSIEDAD

Nuestra existencia es el problema filosófico por excelencia: no conocemos nuestro camino ni nos han proporcionado ningún mapa.[1] Y si alguna vez nos lo han suministrado la religión, Dios y la revelación, hemos descubierto gracias a la ciencia, la filosofía y las revoluciones intelectuales y conceptuales que esos mapas eran obra de seres humanos como nosotros (confundidos, desorientados y angustiados), y no de una autoridad sobrenatural y omnisciente. Los existencialistas reciben de buen grado, afirman y celebran nuestra incertidumbre resultante, nuestro desconcierto, y su ansiedad concomitante, el angustioso e ineludible acicate para la investigación de nosotros mismos y del mundo.[2] Los existencialistas no aspiraban a curar ni eliminar esta angustia; pretendían vivir con ella, incluso darle la bienvenida como un signo de la vida auténticamente vivida, en verdadero contacto con las implacables demandas de la existencia. En las formulaciones de los existencialistas encontramos tanto los horrores de la ansiedad primigenia (como sugieren las múltiples traducciones de la «ansiedad» como «pavor», «angustia», «tormento», «aprensión» y «agonía») como sus aspectos liberadores, las oportunidades que brinda para el autodescubrimiento, la vida auténtica y la aceptación de una aguda responsabilidad moral y metafísica por nuestras acciones y compromisos.

Para los existencialistas, la ansiedad era el puente entre la filosofía y la psicología. Por consiguiente, el existencialismo obligaba crucialmente a prestar atención a los estados de ánimo y los sentimientos que acompañaban a las decisiones e inferencias humanas. Quienes filosofamos somos humanos; razonamos, sentimos y nos emocionamos; esos sentimientos apuntalan las portentosas filosofías que generamos, convirtiéndolas en confesiones, autobiografías y autorrendiciones de cuentas. Así pues, nuestras emociones y nuestra razón son inseparables, nuestro cuerpo bruto, empírico y profano y nuestros estados de ánimo transitorios, mudables e indeterminados tan importantes como la razón abstracta y desapasionada; estamos alienados y arrojados a la deriva cuando nuestro yo pensante y sintiente están divorciados. Por lo tanto, los existencialistas apenas distinguían entre la investigación psicológica y la especulación e investigación filosófica, y permitían considerar la ansiedad, una emoción, como un problema filosófico; sus obras cristalizaban intuiciones relativas a la condición humana contempladas desde antaño por filósofos, teólogos, escritores y poetas, dotándolas de una nueva forma literaria y filosófica; incorporaban una sofisticación psicológica y una franqueza en el análisis filosófico que constituyen el sello distintivo de la filosofía de los siglos XIX y XX en la tradición occidental.[3]

Para los existencialistas, un puñado de conceptos, las llamadas preocupaciones últimas,[4] iban en bloque: la libertad, la muerte, la nada, la responsabilidad, la autenticidad. Pensar en una suponía hallar los caminos hacia las otras, allanados todos ellos por la angustia relativa al fin de su recorrido y a su continua progresión: nuestra libertad metafísica para elegir apuntalaba nuestra angustia por la posibilidad de error moral o empírico, nuestra asunción de responsabilidad por nuestras acciones, nuestra búsqueda de una existencia auténtica; la omnipresencia de la muerte en nuestras vidas era un recordatorio de la cesación de la posibilidad, de la nada incognoscible que aguardaba más allá y erigía una barrera insuperable para las aspiraciones y esperanzas sofisticadas. Pese a su diversidad de estilos de escritura, formulaciones teóricas y preocupaciones, los existencialistas compartían la insistencia en que el «hombre» —fuese lo que fuese este— era hecho, decidido, inventado y construido, no descubierto o hallado con una esencia y un plan de vida predeterminados. En nuestros estados primigenios antes de la creación y el nacimiento, aguardamos la definición, la identificación y la clasificación; no hay ninguna esencia preexistente a la espera de realización. El estado persistente y perdurable de semejante ser provisional —en permanente elaboración, nunca completo, nunca quiescente, en perpetuo devenir, «un forastero en una tierra extraña», consciente de la muerte como una certeza inminente, de la posibilidad no realizada y la nada final como una presencia constante durante la vida— era la ansiedad.

Los existencialistas eran perfectamente conscientes de un hecho fundamental, y sensibles a él, acerca de la condición humana: ni siquiera los más sabios, informados y poderosos de nosotros sabemos con certeza lo que nos deparará el futuro. Para los existencialistas, esta elocuente *incertidumbre* era una evidencia de un mundo y un yo todavía sin hacer, de la *libertad* de elección y acción de la que «disfrutamos». La libertad es nuestro premio, nuestra medalla, nuestra unción para el estado en el que nos encontramos, la perplejidad a la que nos enfrentamos. La libertad es un preciado bien moral y político; es asimismo un estimado bien existencial por su promesa de alivio de un futuro ya escrito, con esencias y papeles definidos. En nuestros momentos irreflexivos, anhelamos esta libertad, al considerar que una vida predeterminada es propia de un autómata. Ahora bien, esta libertad incluye el precio de la incertidumbre que provoca ansiedad.

Así pues, los existencialistas consideraban la ansiedad una parte indispensable de nuestra comprensión de nosotros mismos como seres libres, desprovistos de una esencia predeterminada y establecida y, por ende, responsables de nuestra autocreación; ser libre conlleva experimentarla, porque debemos enfrentarnos a tomar decisiones que determinan los contornos de nuestra vida y nuestro destino; la incertidumbre de un ser que actúa y elige libremente y su ansiedad concomitante devienen constitutivas de la existencia y la consciencia humanas. No obstante, nuestra libertad no se nos antoja una bendición ni una liberación; antes bien, nos causa terror, espanto, angustia. Gran parte de nuestra vida es consumida por las cargas de evitar o negar ansiosamente esta libertad; no es de extrañar que huyamos hacia los brazos de alguien o de algo social, intelectual o incluso farmacológico, capaz de reducir nuestra libertad de modo que sintamos en menor grado su maldita bendición; cultivamos sin descanso nuestra inventiva con el fin de huir de la libertad de decidir cómo deberíamos y podríamos vivir nuestra vida.[5]

Para muchos legos instruidos, el filósofo francés Jean-Paul Sartre, fumador en pipa y bebedor de café, es el existencialista por antonomasia, y por una buena razón: ofrecía fórmulas concisas y enjundiosas para expresar las ideas existencialistas y enunciaba sus tesis centrales con brillantez y precisión mediante tratados filosóficos (incluido el notablemente difícil y oscuro *El ser y la nada*), novelas y obras teatrales. Con frecuencia se considera a Sartre teóricamente dependiente de sus filósofos predecesores Søren Kierkegaard y Martin Heidegger por sus nociones de la libertad humana, la consciencia, el absurdo existencial y la nada. Pero son más los lectores que han aprendido estos conceptos de Sartre que de Heidegger o Kierkegaard; y sus escritos sobre la inautenticidad y la «mala fe» son especialmente más citados. (Esta popularidad se debe en parte al uso que hace Sartre de las formas literarias para expresar sus tesis; su novela *La náusea* y su obra teatral *A puerta cerrada* son iconos culturales de un tiempo particular, y sus líneas más memorables se pueden desplegar con facilidad en futuras ocasiones). A veces se considera popularmente a Sartre la fuente del existencialismo porque su fórmula (o eslogan) «la existencia precede a la esencia» cristalizó una intuición existencial fundamental: no nacemos para representar una esencia metafísica predeterminada, una Idea platónica perfecta y abstracta de la que yo soy solo una imperfecta realización; antes bien, primero existo, llego a ser, y luego me hago a mí mismo. Mi vida es el registro de mis intentos de construirme a mí mismo mediante mis decisiones y elecciones; averiguo quién soy sobre la marcha, inventándome a mí mismo. El final de la historia es el momento de la revelación cuando descubro en qué nos han convertido mis acciones y elecciones a mi vida y a mí mismo; de hecho, es entonces cuando la humanidad descubre cuál es la naturaleza del «hombre». Esta revelación no es un descubrimiento de un guion preexistente; más bien, somos testigos de la llegada a ser del hombre, mediante su propia creación, en el tiempo.

El existencialismo de Sartre es un ateísmo humanista, puesto que los factores determinantes de este mundo son el hombre y su consciencia, y no una entidad divina. El hombre comienza como «nada», no como una moneda cuyo valor se ha estampado en su ser de una vez y para siempre, y no se crea solo a sí mismo, sino también a toda la humanidad mediante sus acciones y elecciones.[6] El mundo en el que ingresamos está integrado por otros humanos como nosotros; cuando lo dejemos, habremos aportado nuestro granito de arena, visible para todos; a su vez, estos granitos prepararán el mundo para la siguiente consciencia semejante a la nuestra. No existe ninguna autoridad externa y trascendental (como Dios o un orden cósmico impersonal y abstracto) que regule, determine y evalúe este mundo; el hombre dimensiona todas las cosas, y no hay verdades eternas (morales o espirituales) independientes del hombre que las crea. Ello nos otorga una tremenda responsabilidad, en la medida en que la totalidad colectiva de la humanidad, tal como la concebimos, es la suma de las acciones y elecciones individuales; con cada acción y elección coloco un ladrillo en el muro de este edificio, que sirve como ejemplo cada vez que tomo una decisión y realizo una acción.[7] Sartre sugería que semejante libertad ineludible era una «condena» a inventarnos a nosotros mismos y al hombre.[8] Se trata de una *responsabilidad existencial* que nos viene impuesta, harto más pesada que la reproducción genética de la especie exigida por nuestra biología, que puede efectuarse irreflexivamente como un mero impulso físico. Nos hallamos «arrojados» a un lugar y un tiempo particulares, no de nuestra elección, pero en los que hemos de actuar y decidir hacer distintivamente nuestros. Despertamos para descubrirnos en este mundo; nuestro lugar en él, el sentido de todo, será determinado por nosotros; estamos *obligados* a hacerlo.[9]

La posesión de la libertad, al estar caracterizada por la ansiedad, no es un gozo rotundo; huimos de ella actuando, con destreza y de manera convincente, para satisfacer las expectativas y los estándares normativos establecidos por otros. En este estado «normal», yo soy la persona que el mundo quiere que sea; imagino que esta es mi libertad porque he comprado de forma acrítica la versión socialmente dominante que me han vendido. Ello me garantiza un yo estable, una identidad reconocible, un refugio en una zona de confort inventado; me proporciona un guion teatral que puedo seguir en mis representaciones diarias en este mundo. Pero esta aceptación de la conformidad es un acto de «mala fe», de inautenticidad, puesto que, al buscar situaciones seguras, protegidas y circunscritas, no encontramos libertad, sino constricciones y restricciones. Estos arreglos sociales han mitigado la ansiedad de otros, forzándonos a entrar en contenedores preexistentes de acción y pensamiento, donde nos regodeamos en nuestra miseria y ansiedad distintivas, al descubrirnos «forasteros» y «extranjeros» en un mundo que nosotros no hemos creado ni elegido.

Para los existencialistas, al prestar atención a la ansiedad y reconocerla no como una patología, la recibimos de buen grado como un mensaje que nos informa de las posibilidades de nuestra vida, del futuro incierto y aún no decidido que hemos de determinar nosotros mismos, de nuestras posesiones más preciadas y nuestras cargas más terribles. Apenas experimentaríamos ansiedad si nuestras vidas estuviesen trazadas con trayectorias y acciones articuladas para que las siguiésemos, con fortunas y destinos predeterminados; en los escenarios de la vida, nuestro texto sería visible en teleprónteres gigantescos; y hablaríamos sin temor a las represalias y a las consecuencias adversas. Pero, como dice esa vieja pegatina de parachoques, «Esto es la vida, no es ninguna prueba. Si fuese una prueba, te habrían dicho adónde ir y qué hacer». Nuestra ansiedad nos informa de que esto es terriblemente cierto.

Los denominados existencialistas cristianos como Søren Kierkegaard y Paul Tillich escogieron una variante de la fe religiosa tradicional como su respuesta a la ansiedad existencial. Común al cristianismo existencialista, la solución tanto secular como profana para la ansiedad es la toma de una decisión, un salto de fe, hacia el compromiso inquebrantable, hacia el trabajo, hacia los artículos de la fe, hacia las personas, hacia un más allá de más envergadura, hacia Dios, hacia las tareas nacionales o sociales. Ambas resoluciones de la ansiedad requieren una decisión de aceptar que, aunque todo será un misterio, avanzamos considerando resuelto un misterio. ¿Qué voy a hacer a continuación? ¿Qué debería hacer? ¿Qué sucederá? No lo sabemos; no podemos estar seguros. Pero podemos actuar, sin garantía alguna de éxito, y materializar lo previamente abstracto. Este resuelto avance hacia lo indeterminado para determinarlo con nuestras decisiones es nuestro destino y nuestro único camino hacia delante. Negarnos a ello supone un rechazo a la vida. Cuanto más nos comprometemos, más dejamos atrás las partes no resueltas y desdeñadas de nosotros mismos, pues el compromiso, la toma de decisiones, implica cultivar ciertos aspectos de nuestro yo y no otros. De la mano de este compromiso respaldado por la decisión y la elección va una voluntad de vivir con las consecuencias de nuestra resolución, confiando en que, cuando llegue el momento, encontraremos nuestro camino hacia delante.

Irónicamente para un hombre que escribió con profusión sobre el marxismo, la versión sartreana del existencialismo fue tachada de burguesa o libertaria por insistir con ligereza en la primacía y la disponibilidad de la elección para todos, con independencia de la clase socioeconómica, el género o la raza. ¿Qué hay de la historia humana, sus contingencias y los actos y decisiones que precedieron a los nuestros y construyeron el mundo de una manera determinada, de suerte que solo ciertas elecciones resultan visibles o factibles para algunos de nosotros? ¿Qué ocurre con los privilegios de elección y posibilidad de los que gozan unos pocos elegidos bien situados, mientras que el resto de nosotros sopesamos con ansiedad nuestras opciones limitadas? La comprensión filosófica sartreana de la libertad de la humanidad se antojaba, pues, una visión excesiva e ingenuamente optimista de las posibilidades humanas, habida cuenta de la historia y las disposiciones políticas y económicas del mundo; una crítica que Sartre admitiría en las numerosas revisiones que hizo de sus declaraciones originales, que señalaban que nuestras elecciones, al igual que aquellas de quienes nos precedieron, crean el mundo para nuestros sucesores. Con todo, su obra contiene ideas importantes acerca de los aspectos constructivos de nuestras decisiones y elecciones, así como de la centralidad de la responsabilidad individual al vivir nuestra vida, en cualesquiera planes para reinventarnos o salvarnos.

Al examinar los pensamientos de los existencialistas sobre la ansiedad, hallamos considerables coincidencias y divergencias. Pese a la sospecha levantada con anterioridad —y que volverá a plantearse— de que el pensamiento existencialista ensalza en demasía la elección y la libertad de los individuos aislados tratando a las criaturas sociales como átomos, encontramos agudos y perspicaces reconocimientos del papel que desempeñan las estructuras, las instituciones y los mecanismos sociales en la generación y el sostenimiento de nuestras formas distintivas de ansiedad. La más incisiva de estas críticas es obra de un filósofo considerado el predecesor teórico del existencialismo y la teoría crítica moderna del siglo XX, cuyas obras enfurecen y entusiasman desde hace tiempo a generaciones de lectores: Friedrich Nietzsche.

LA MUERTE DE LA CERTEZA

El absoluto terror cósmico de la especie humana ante los hechos concretos e innegables de la existencia había sido aliviado antaño por la religión organizada, por sus doctrinas, rituales y creencias requeridas; esta había proporcionado un amplio código conductual y moral que regulaba todos los aspectos de la vida humana, y todo ello con el respaldo de la aprobación divina. Pero cuando dejó de estar disponible semejante alivio teísta, gracias a la impertinencia de la ciencia y las incómodas especulaciones de la filosofía moderna, ¿qué fue entonces de la guía de Dios, la religión y sus designados lugartenientes, los sacerdotes y los intérpretes de las revelaciones sagradas? Este problema se plantea con gran perspicacia en las célebres obras de Friedrich Nietzsche; las «tormentas» que se avecinan, de las que advierte reiteradamente a Europa y a la cultura europea, son un estallido de ansiedad aguda, de nihilismo depresivo, de resistencia reprimida y neurotizada a un mundo sin Dios, de huida angustiada y desesperada hacia los brazos de «nuevos ídolos» tales como el

Estado nación, el mercado bursátil e ideologías varias que exigen la aquiescencia intelectual y moral. La ansiedad acecha en todos los escritos de Nietzsche: tanto la de los religiosos como la de los no religiosos que debían enfrentarse a «la muerte de Dios». Esta es la más central en este contexto, pues «Dios» funciona aquí no solo como creador divino y garante moral, sino también como el símbolo de la certeza segura y absoluta en los ámbitos moral, epistémico y espiritual, que ya no hallamos en nuestro mundo secularizado.

Nietzsche consideraba que nuestra ansiedad dimanaba de nuestros intentos de ser distintos de lo que somos, haces de perpetuo devenir desprovistos de un yo (una visión teórica que curiosa e irónicamente alinea sus tesis con los principales postulados budistas),[10] de nuestras tentativas de no aceptar que este mundo estaba despojado de los consuelos espirituales que brindaban las viejas tradiciones religiosas y la fe en Dios. Esta incapacidad de autoaceptación, de enfrentarnos al mundo con un pesimismo optimista, era el fundamento de nuestra ansiedad, que nos convertía en unos cobardes timoratos, abatidos por aquello que no podíamos ni cambiar ni aceptar mediante la construcción de una perspectiva exclusivamente personal sobre la vida que hiciera manejables las demandas de este mundo. Nietzsche nos exhortaba a amar nuestro destino, y proclamaba a todo aquel que le escuchase que hemos de aceptar nuestra identidad, nuestra situación en la vida, nuestras ansiedades, como partes de nosotros mismos; al aceptar las lecciones de las tragedias griegas clásicas, que, sugería, expresaban un emocionante desafío frente a las implacables exigencias de este mundo, podríamos reconocer impávidamente sus horrores y hallar en ellos los medios para afrontar los retos insuperables de la existencia.[11] Al hacerlo, podríamos encontrar un modo de superarnos a nosotros mismos, la tarea más importante de todas.

De manera crucial, Nietzsche sugería que nuestra ansiedad surge porque somos esclavos de una perniciosa fantasía, una construcción y una disposición interesadas del mundo y sus asuntos postuladas y establecidas por otros en función de sus necesidades psíquicas, morales y emocionales como los vencedores de una «voluntad de poder» entre todos; al igual que el Buda, Nietzsche consideraba que estamos en las garras de una formidable ilusión, que nos hace más infelices de lo necesario. Para entender adónde quiere llegar Nietzsche, reparemos en que el mundo al que nos incorporamos tiene una historia de acciones y elecciones efectuadas por otros humanos como nosotros, que lo han modificado y construido —mediante una lucha y una contestación por el poder agudas e históricamente situadas, a veces políticas, a veces culturales, a veces psicológicas—, convirtiéndolo en un mundo a su conveniencia, que satisface sus aspiraciones y mantiene sus posiciones en la vida. Nuestra incapacidad de satisfacer *sus restricciones, sus valores y sus normas* es la causa de nuestra preocupación, angustia y culpa. Como una consecuencia inexorable, nuestros sistemas sociales históricamente construidos de valores, moralidad y constricciones normativas crean y sostienen una aguda angustia (mediante una «mala conciencia» culpabilizadora que nos induce una terrible aflicción) por no estar a la altura de los ideales que imaginamos que regulan nuestras vidas. Una tradición crítica y escéptica (que se remonta a *La república* de Platón y entre cuyos miembros modernos figuran Karl Marx y Michel Foucault) ha sugerido desde hace mucho tiempo que semejantes valores e ideales son aquellos cuya adopción garantizará el continuo mantenimiento del poder por parte de las clases sociales más privilegiadas y atrincheradas.[12] La propia moralidad —un código especificado y regulado de conducta con sus correspondientes nociones de «culpabilidad» y «maldad»— se revela como una ideología que satisface los intereses de los poderosos. ¿Qué conciencia nos infunde?, ¿qué implacable autocrítica y examen moral nos insta a realizar? Una invitación a la culpa y a la ansiedad.

Para Nietzsche, el poder es un concepto diverso y plural;[13] sin embargo, la capacidad de desviar y subsumir los intereses ajenos en los nuestros es una manifestación aguda y visible de este (¡como lo es la facultad de subsumirnos en nosotros mismos!). Si los «débiles» pueden lograr que los «fuertes» hagan su voluntad por cualquier razón, entonces son los «débiles» los realmente «poderosos». Esta es una lección que aprende de manera dolorosa cualquier empleado acobardado, cualquier secuaz, cualquier persona y ciudadano sometido al poder abstracto y realizado de múltiples formas. (Es asimismo una lección que los padres aprenden con frecuencia de sus tercos hijos). El hombre que te apunta con el dedo puede ser poco imponente físicamente, pero, si ejerce algún poder legal, financiero o estatal, puede ponerte de rodillas pidiendo clemencia. Otro tanto sucede con los controladores de la cultura, los árbitros del gusto moral, ya que pueden hacer que tú y tus hijos penséis conforme a sus deseos, y pueden engendrar un profundo sentimiento de culpa, fracaso moral y ansiedad cuando no lo hacemos.

Por consiguiente, no solo sufriremos, como sugería el Buda, por ser meros humanos enfrentados con nuestra mortalidad y limitación, sino que moralizaremos asimismo nuestro sufrimiento (un acto de devastadora autoflagelación), al considerar que los infortunios socialmente construidos de este mundo son la maldición de destinos malignos y deidades vengativas inmunes a nuestras súplicas, o bien el fruto de los fracasos de nuestras elecciones y bendiciones. Nuestra ansiedad es nuestro sentimiento profundamente errado de vivir una vida fallida y marginal, vivida en los términos de otros, sin ser conscientes de ello; ha surgido de nuestra incapacidad de afirmar nuestra propia voluntad sobre este mundo, de hacer que se doblegue a nuestras necesidades. A juicio de Nietzsche, esta no es una tarea al alcance de cualquiera; son muchos los miembros sumisos que balan en el «rebaño» y son pocas las «almas nobles» autosuficientes, rebeldes e independientes capaces de liberarse de las demandas y los imperativos del rebaño.[14]

Si la moralidad convencional es retratada por Nietzsche como una perniciosa ideología generadora de ansiedad, lo mismo sucede con nuestras disposiciones sociales y económicas, los papeles deseables que estas crean y que no acertamos a desempeñar. Acechan aquí numerosos

fracasos morales, espirituales y personales de autorrealización, al tiempo que permanecemos inconscientes de
que estos fracasos cósmicos son tales únicamente desde
una determinada perspectiva religiosa, cultural o moral,
obra de otros humanos, «demasiado humanos» al igual
que nosotros. Así pues, Nietzsche sugiere que nuestra enfermedad espiritual, nuestra ansiedad, *es una función de
nuestra incapacidad de encontrar viables para nosotros las
«soluciones vitales» ajenas.* Pero sin las nociones convencionales de la moralidad, sin su certidumbre metafísica y
epistémica, con los valores normativos tradicionales socavados y corroídos, nos encontraríamos lastrados con
una enorme responsabilidad: hemos de erigir nuevas escalas del bien y del mal, nuevas unidades de medida, nuevas «tablas de valores»:[15] nosotros y solo nosotros, sin
ninguna orientación cósmica a nuestro alcance. La incertidumbre a la que nos enfrentamos es absorbente e inmensa, tremendamente generadora de ansiedades, pues
¿dónde vamos a hallar ahora orientación normativa? Sin
embargo, hemos de soportar ese temor con el fin de
adentrarnos en el nuevo y temible a la par que prometedor mundo de la desilusión intelectual.

Por lo tanto, «la muerte de Dios» nos expone al absurdo existencial y a la ansiedad; si Dios ya no se halla
disponible como garante absoluto del orden moral, de
las recompensas para las buenas obras y el castigo para las
malas, ¿dónde encontraremos entonces un correctivo y
un bálsamo para las miserias de este mundo? Confrontamos la aterradora posibilidad de que no solo carezcamos
de una definición fundamentada del bien y del mal, sino

de haber perdido asimismo la protección de los poderes sobrenaturales y benevolentes, y haber quedado indefensos e impotentes frente a las vicisitudes del destino. No nos aguarda ninguna tierra prometida; ningún recuento final de buenas y malas acciones; ninguna recompensa para las buenas obras ni ningún castigo para los pecados. Sin nadie que nos juzgue desde las alturas, quedamos sin guía ni correctivo, sumidos en un estado de desorientación y terror, un acompañamiento constante del rostro ostensiblemente sereno que presentamos al mundo. (Más tarde surgirá aquí una resonancia con la noción de la «ansiedad por la falta de sentido» de Paul Tillich, que se basa en nuestro temor a «la pérdida de [...] un sentido que dé sentido a todos los sentidos».[16] Dios fue una vez dicho sentido, que apuntalaba nuestra existencia con recompensa, seguridad, culpa y elogio. Si Dios ha muerto, ha muerto también «el sentido que daba sentido a todos los sentidos»).[17]

Para Nietzsche, la ansiedad es un signo de una débil, pesimista e insalubre negativa a aceptar el mundo tal cual es; los valientes de entre nosotros dan un paso adelante para aceptar los desafíos del mundo, la posibilidad de que este mundo posea sentido únicamente como un «fenómeno estético»,[18] un espectáculo de ruido y furia que solo signifique algo una vez que lo hagamos nuestro; el «rebaño» se encoge ante semejante reto. A Nietzsche le preocupaba el desafecto y peligroso nihilismo que era una posible consecuencia de una pérdida de la fe en Dios o de la certidumbre metafísica, pues se abría un abismo espiritual y moral. En un cosmos absurdo y carente de sentido,

¿por qué habríamos de actuar o expresarnos de cualquier modo? Nuestros «valores supremos» de la cultura y la moralidad se basan en afirmaciones axiomáticas acerca de la naturaleza del mundo; ¿qué sucede cuando dichas afirmaciones se postulan como falsas? Si se revela que nuestros valores superiores están construidos sobre una base de arena, ¿qué sentido tendría la conformidad con ellos? ¿Por qué emprender la más mínima acción para construirnos a nosotros mismos o nuestras vidas si nada de ello posee ningún sentido ni significación duradera, ni encaja en ningún esquema cósmico más vasto? La falta de sentido y la vacuidad resultantes, junto con la consiguiente llamada a la autoextinción, traen consigo una terrible angustia; somos conscientes de que el poder de obrar de esta guisa reside en nuestro interior; somos nosotros quienes nos contenemos. Nietzsche pronosticó con precisión el advenimiento en el siglo XX del totalitarismo, de la reverencia excesiva hacia el nacionalismo,[19] de la obediencia servil y ciega a los nuevos profetas humanos o ideológicos; esas medicinas aliviaban el dolor de este mundo desacralizado tornando soportable la vida en él: a costa de una vida sumida en la desesperación, incapaz de cumplir su promesa metafísica y existencial; a expensas de un mundo empeorado por quienes lo habitan.

Nietzsche entusiasma a sus lectores con sus bienvenidas a la nueva era, su jubilosa aceptación de los desafíos que se avecinan, sus exhortaciones a concebirnos como artistas dedicados a la creación de obras únicas y distintivas de nuestras vidas y de nosotros mismos;[20] sus afirmaciones a veces contradictorias se benefician del hecho de que su prosa musculosa y fulgurante amenaza con sobrepasar cualesquiera objeciones técnicas y pedantes que puedan plantearse. La lectura de Nietzsche puede ser un antídoto contra la ansiedad justamente porque nos enfrentamos a una mente que residía en un cuerpo que sufría terriblemente (como revelan sus numerosas biografías),[21] pero que nunca se dejaba confinar intelectual ni moralmente por las demandas de este mundo. (Los académicos modernos —y los trabajadores corporativos atrapados y quemados en sus empleos— no pueden por menos de envidiar su absoluta seguridad en sí mismo y confianza al renunciar a la sinecura de un puesto universitario seguro para embarcarse en una misión solitaria literal y metafórica por Europa con el fin de abordar las cuestiones filosóficas que lo atormentaban). Nietzsche sentía que esas exigencias morales y sociales generaban una profunda ansiedad; nos amenazaban con la condenación y la perdición en cada paso de nuestra vida. Nos brindaban asimismo seguridad, un andamiaje de expectativas y restricciones que, cuando se eliminaba, nos dejaba sumidos en la incertidumbre y la ansiedad. El reverso de ese estado tambaleante era el alborozo por la exposición, la transparencia de la caída, la belleza de los novedosos espectáculos visibles desde esa nueva y ventajosa posición.

Las doctrinas de Nietzsche suponen una interpretación distintiva de nuestra mortalidad temible y generadora de ansiedad, pues el filósofo sugiere que dicha mortalidad es nuestra amiga.[22] La inmortalidad prometida por la doctrina religiosa cristiana convencional siempre había conllevado un precio, la posibilidad de un más allá de los condenados o los redimidos, una eventualidad tremenda y terrible que exigía que se tomasen las decisiones correctas y se viviera la vida correcta, toda vez que «la salvación de las pobres "almas eternas" dependía [del] conocimiento adquirido durante una corta vida [...]. El "conocimiento" cobraba una importancia terrible».[23] Pero ¿y si desdeñáramos la creencia en semejante inmortalidad y nos contentásemos con nuestro momento de gloria? La mortalidad parece imponernos una carga terrible: la ansiedad acerca de la vida no redimida, la vida incompleta en que no desarrollamos todo nuestro potencial ni hallamos el sumo bien durante nuestros años de vida. Pero también la finitud y la limitación son nuestras amigas; con un tiempo que se nos acaba, podemos encontrar oídos comprensivos cuando anunciamos que no podemos molestarnos en abarcar demasiado en esta vida tan pobre y corta, que termina con excesiva facilidad, este mero abrir y cerrar de ojos. ¿Acaso puede emprenderse algún proyecto existencial o intelectual serio en ese breve reposo de las eternas esperas de la vida prenatal y del más allá? Por mucho que podamos maldecir la muerte y la interrupción que esta provoca en nuestros planes de vida, sugiere Nietzsche, le estamos secretamente agradecidos; hemos sido salvados por la campana cósmica. Ya no más miradas impacientes y recelosas mientras nos afanamos con torpeza en nuestros lamentables proyectos vitales; hemos de declararnos en huelga cuando la muerte venga llamando; de hecho, ¿por qué no declararnos en huelga ahora mismo, cuando sabemos que la campana podría sonar en cualquier instante? Nos sentimos especialmente reconfortados cuando nuestra mortalidad se combina con la ausencia del Gran Examinador que, de otro modo, cabría haber imaginado encargado de calificar nuestra vida. Nuestra labor incompleta e inacabada no será evaluada ni criticada; al igual que nosotros, pasará al dichoso anonimato.

Nietzsche toma nota con acierto del alivio prometido por nuestra mortalidad, por la muerte de Dios: no habrá ninguna evaluación desde lo alto de esta vida ridículamente breve, en la que no podría obtenerse el conocimiento «adecuado» o «correcto» dentro de sus especificaciones penosamente cortas. La «temible importancia» de esta breve preparación para la larga inmortalidad del alma es negada por fortuna, lo cual nos alivia parcialmente de nuestra ansiedad cósmica. Dotar al mundo y a nuestra vida de la terrible significación de la inmortalidad conlleva su propia carga; la desproporción entre la inmortalidad del alma, la majestuosa eternidad y la miserable y nimia brevedad de la vida concebida como campo de pruebas siempre había parecido radicalmente injusta; la liberación mediante la muerte hacia el vacío supone un gran alivio, un escape de semejantes cargas existenciales.

Por lo tanto, Nietzsche sugiere con sagacidad que la inmortalidad, sin instrucciones adecuadas para el viaje, puede ser la mayor maldición de todas; la mortalidad, la mayor bendición. La vida mortal retorna a sus humildes especificaciones: deja de ser un preciado microsegundo de respiro de la oscuridad, ingeniosamente construido para darnos la oportunidad de prepararnos para la inmortalidad. En su lugar, es lo que siempre ha parecido: una absurda interrupción carente de significación en cualesquiera esquemas cósmicos invisibles, que aguarda a ser investida de significado mediante la vivencia de nuestra vida única. La consciencia de nuestra propia mortalidad conduce ahora a la aceptación responsable de nuestra existencia y sus numerosas imperfecciones, concebidas como bendiciones, ya que nuestra imaginación se detiene cuando se enfrenta a la posibilidad de la inmortalidad y a la manera de llevar una vida significativa dado un tiempo infinito. Nos percatamos de que nuestra limitación y nuestra finitud fundamentan nuestra comprensión de nosotros mismos. Hemos de completar tareas y emprender proyectos; el éxito y el fracaso devienen marcadores asociados con el trabajo; nada de todo ello debería importarle a un ser inmortal. Podríamos y deberíamos abrazar y no temer el inevitable cese de esta vida, con el fin de comprendernos del todo y llegar a vivir con nosotros mismos.

Para Nietzsche, la ansiedad era o bien nuestra reacción a la carga de las presiones normativas del mundo, para crear un sentimiento de culpa y fracaso moral, o bien una reacción a su ausencia, pues sin ellas estábamos perdidos y desorientados; en cualquier caso, la ansiedad era nuestro estado resultante. Este absurdo sugería que el hombre liberado era el que no necesitaba esos valores ni se hallaba oprimido por su presencia o ausencia, puesto que creaba los suyos propios, entregándose a sus propias demandas y viviendo su propia vida. Un estado semejante podía estar libre de la ansiedad que padecía el hombre común, pero era, por ese motivo, un estado aristocrático accesible tan solo a unos pocos elegidos, los «espíritus nobles», los capaces de ser *Übermenschen* o «superhombres», que podían alzarse por encima del rebaño y obrar un progreso evolutivo hacia un estado superior del ser. Tales humanos apenas eran humanos; eran al hombre lo que este era al simio.[24]

Aunque Nietzsche no menciona específicamente la ansiedad, sus doctrinas, en conjunción con interpretaciones materialistas de la angustia tales como las de Karl Marx y Herbert Marcuse, nos proporcionan poderosas herramientas críticas con las que socavar y desinflar aquellas estructuras creadas y sostenidas por el hombre que generan ansiedad en nuestras circunstancias políticas, sociales y económicas. Por esta razón, Nietzsche es un filósofo que puede ser leído provechosamente por las masas, aun cuando no nos tuviera en mente a la mayoría de nosotros cuando escribió sus obras. Nos ofrece polémicas con las que podemos montar críticas radicales y potencialmente liberatorias de las ideologías y los sistemas políticos más consolidados, pero no es un demócrata; lejos de ello, es un aristócrata impenitente, comprometido con una jerarquía de tipos humanos, que se mofa de la noción de la socialdemocracia y del cuidado de los débiles y los desfavorecidos.

Pero los ideales de la buena vida imaginados por Nietzsche son aspiraciones, y haríamos bien en intentar vivir nuestra vida como los «espíritus nobles» para quienes Nietzsche escribía sus obras, porque, si lo hiciésemos, viviríamos nuestra vida libres del temor neurótico a la desaprobación por parte de la familia, la sociedad y la cultura, libres de la ansiedad de perder su amor y su aceptación, de no recibir sus elogios vacíos; no estaríamos atormentados por la culpa solo por no mostrar el respeto apropiado a la autoridad establecida; nos aceptaríamos plenamente a nosotros mismos, incluidas nuestras debilidades y fortalezas, así como los defectos de nuestro carácter, ya que consideraríamos que todo ello constituye nuestro sello distintivo, exclusivamente nuestro, y nos liberaríamos por ende de la envidia maligna y de los sentimientos de inferioridad; desdeñaríamos la taimada manipulación de las personas o los ideales, o la adulación o el servilismo a ellas; seríamos conscientes de que, aunque el mundo careciese de sentido, podríamos construirlo y forjar nuestra vida a nuestra manera única y distintiva; afirmaríamos la vida en la medida en que estuviésemos dispuestos a vivir esta vida una y otra vez hasta el infinito como una forma del «eterno retorno»;[25] aceptaríamos nuestra vida de un modo incondicional, orgullosos y no avergonzados de todos nuestros errores, pecados y equivocaciones, al igual que lo estamos de nuestros logros y nuestras medallas, pues seríamos conscientes de que los unos y los otros van de la mano; no sentiríamos vergüenza, envidia, celos, culpa, resentimiento ni deseo de retribución y venganza, porque estos son los sellos distintivos del «espíritu inferior».

La profunda intuición de Nietzsche era que las emociones patológicas (los celos, la ira, el resentimiento, la depresión, el deseo vengativo de retribución) están apuntaladas por un agudo sentimiento de fracaso moral, espiritual y social, junto con la culpabilidad y la ansiedad que esos fracasos traían consigo. Rechazar los ordenamientos y arreglos que nos imponían semejantes demandas generadoras de fracasos suponía nada menos que afirmarnos en este mundo, librarnos de las ideologías que dominan nuestra vida y dedicarnos a la formidable tarea de superarnos y construirnos a nosotros mismos y nuestros nuevos valores.

Nietzsche murió solo y demente. Su obra fue malinterpretada, marginada y apenas leída. Su propia vida fue el ejemplo más contundente de los ideales que pretendía inculcar en sus lectores. Toma de él lo que desees y lo que necesites. Estaría encantado de tener estudiantes y lectores en esta era moderna, de hallar evidencias de su relevancia permanente en un mundo dinámicamente cambiante, de haberte infundido coraje ante tu propia y distintiva ansiedad. Especialmente si te sometiera a ti, lector, a su «voluntad de poder».

Fe, liberación espiritual y *El concepto de la angustia*

El santo patrón de la angustia danesa Søren Kierkegaard, el antepasado intelectual de generaciones de psicólogos y psicoterapeutas, de los fundamentos del psicoanálisis (como reconocerían los sucesores de Sigmund Freud, si no el propio Freud) y de sus colegas existencialistas, entre los que figuran Paul Tillich, Martin Heidegger y Jean-Paul Sartre,[26] sugería que la mayor «bendición» del género humano, nuestra libertad de desear y elegir, conllevaba una carga terrible: los encuentros con la ansiedad.[27] Kierkegaard sostenía que debemos soportar dicha carga con alegría; es nuestra cruz y nos encontraremos a nosotros mismos mediante nuestra voluntad de seguir adelante con ella, por los caminos de nuestra elección, mientras vivimos con la desazón del universo no realizado de nuestras vidas. En momentos de autorreflexión silenciosa e intensa atención prestada a las terribles posibilidades de nuestras elecciones, nuestras confrontaciones con la ansiedad albergan las posibilidades de un autodescubrimiento innovador: ¿de qué somos capaces?; ¿qué podemos hacer?; ¿tendremos la fortaleza de soportar las consecuencias, previstas o no, de nuestras acciones? Seguir adelante con nuestras vidas, construirnos a nosotros mismos pese al malestar de estos encuentros, es, para Kierkegaard, la base de la individualidad, el *telos* de nuestra vida. Solo en estas meditaciones y confrontaciones hallamos un modo de ser únicamente nosotros mismos, libres de la mácula de la conformidad y las falsedades consensuadas y confortables.

Las biografías de Kierkegaard nos muestran que él intentaba practicar esa clase de implacable autocreación en su propia vida tortuosa; las decisiones que tomó, tanto en el ámbito de las relaciones personales como en sus críticas de las estupideces y devociones convencionales, determinaron de forma significativa el tipo de vida que fue capaz de vivir.[28] La lectura de sus biografías nos asegura que hablaba a partir de la experiencia, que había sufrido aquello sobre lo que escribía y sabía de lo que hablaba; había experimentado una terrible disonancia cognitiva y un angustioso ajuste de cuentas con las irrevocables consecuencias de sus decisiones. Las doctrinas filosóficas altamente personales que nos ofrecía hablan tanto a nuestro corazón como a nuestra mente; su obra es oscura y elíptica; y, sin embargo, perseveramos a través de su espesura, con la confianza de que hallaremos ideas raras, relucientes y perspicuas que iluminen nuestros dilemas humanos como lo hacen el mejor arte y la mejor literatura. Revela sus perdurables tormentos y nos alienta a enfrentarnos a los nuestros; la lectura de Kierkegaard nos garantiza que la filosofía tiene poco de ejercicio académico o intelectual; antes bien, es lo que se supone que ha de ser: un asunto del corazón y del intelecto que halla sus pruebas en la vida que nos permite vivir.

Kierkegaard emplea el término *angustia* (*angest* en el danés original) para referirse tanto a un sentimiento humano como a la estructura de un ser humano que da origen a dicho sentimiento;[29] que deviene un aspecto constitutivo de la existencia humana. Lo que experimentamos cuando estamos angustiados es una sensación humana fundamental, sepultada con frecuencia por capas de aculturación, adiestramiento, educación y programación ideológica; este afecto humano más básico de todos, el sentimiento que nos dice que somos humanos, por encima de la respiración, el tacto, el gusto o la vista, es la angustia. Pero esta se refiere asimismo a un agudo estado de aislamiento en este cosmos, a la posibilidad de que la mano benevolente de Dios haya pasado sin reparar en nosotros, de suerte que seamos «olvidados por Dios, ignorados entre los millones y millones de este inmenso hogar».[30]

El tratamiento de la angustia por parte de Kierkegaard se describe a veces como «teológico», «religioso»
o «espiritual». Ello se debe a que Kierkegaard halla angustia en la «posibilidad del pecado» presente ante el
hombre y desea proporcionar una comprensión del estado de ánimo del hombre primigenio (Adán) al ser tentado, por un conocimiento incompleto, a elegir, a actuar
y, por ende, posiblemente a pecar. En el a menudo descon-
certantemente denso y enigmático *El concepto de la angustia*, esta es mi anticipación del pecado, mi sensación
de estar a punto de trascender los límites del estado actual y obrar, experimentar o sentir; es «el estado psicológico del individuo que precedía a la caída».[31] La «caída»
es, por supuesto, la catástrofe bíblica que libró al hombre del estado de ignorancia inocente para infundirle el
conocimiento pecaminoso y le arrebató la protección
guiada y dichosa obligándole a la angustiosa y desorien-
tada búsqueda de caminos a través de un mundo de posibilidad y, por ende, pecado. La ansiedad es «el estado
psicológico» que constituye «la condición para la posibilidad de la caída» porque «Adán [...] se siente a la par
atraído y repelido por el fruto prohibido».[32] Su ansiedad
no era la causa de su pecado original; antes bien, a través
de ella, tenía la experiencia de «ser capaz».[33] Es, pues, el
estado normal de la persona inocente, donde «inocente»
significa «antes de actuar». Despojado de sus florituras
teológicas, este lenguaje significa que siempre estamos angustiados antes de obrar, toda vez que contemplamos
tanto la posible acción como nuestra capacidad y nuestro
deseo de cometerla, atemperados por el temor a las in-

ciertas consecuencias de actuar de ese modo (y, significativamente para nuestra existencia social, un miedo de si semejante acción será aprobada o condenada —por cualquier poder o expectativa terrenal o sobrenatural: la relación entre ansiedad y culpa es aguda en este contexto—, al igual que sucede, como pronto veremos, en las teorías de la ansiedad de Freud). El ejemplo paradigmático es aquí el del vértigo que sufrimos cuando estamos al borde de un precipicio; no tenemos miedo porque corramos peligro de caer, sino porque sabemos que, si quisiéramos, podríamos precipitarnos a nuestra muerte. En ese momento nos tememos a nosotros mismos y lo que somos capaces de hacer.

Kierkegaard considera la ansiedad una «relación ambigua»[34] de «atracción y repulsión de la nada de las posibilidades futuras»;[35] es la tensión entre «el ansia y el desasosiego»;[36] el «deseo de lo que uno teme».[37] En términos teológicos, el hombre se siente inquieto por el pecado a la par que tentado por él; queremos y deseamos el fruto prohibido y todo lo que este promete, pero tememos las consecuencias de morderlo. En términos seculares, deseamos y tememos la vida al mismo tiempo, pues esta es el ámbito de la experiencia incierta, tanto de la recompensa como de la condenación. Nos vemos impulsados hacia delante en el tiempo, movidos por la curiosidad y por el deseo de saber, explorar y experimentar, pero somos temerosos; esta tensión entre el futuro no realizado y lo posible, y el presente real con sus adquisiciones, sus bienes que perder, es la angustia humana.

Kierkegaard nos ofrece un par de penetrantes for-

mulaciones que captan aspectos esenciales de la ansiedad. Revelan asimismo que, si carece de un objeto determinado, si no es acerca de «nada», entonces esa nada es
el futuro.[38] En primer lugar, al preguntar «¿Qué es la
ansiedad?» y responder «Es el día siguiente»,[39] la ansiedad se revela como nuestra reacción ante la ineludible
incertidumbre del futuro. Como seres humanos, privados de la omnisciencia divina, no sabemos ni podemos
saber. No obstante, pese a esta falta de conocimiento,
hemos de seguir adelante y adentrarnos en el ámbito de
la acción y las temibles consecuencias; debemos investigar el futuro informe, que nos recuerda nuestra incapacidad de construir y definir sus contornos con precisión.
Podemos percatarnos de que, sin la omnisciencia inhu-
mana y divina, no existe ningún alivio. En términos más
dramáticos, Kierkegaard declara asimismo que «La angustia en realidad no es sino impaciencia».[40] Estamos
ansiosos, pero tememos averiguar lo que nos aguarda.
Queremos vivir, pero tenemos miedo de experimentar la
vida; *deseamos la vida, pero tenemos miedo de vivir*. Esta
es la tensión que Kierkegaard descubre en la ansiedad;
está presente en el movimiento de la posibilidad a la realidad, del presente al futuro, del deseo ambiguo a la acción concretamente ejecutada. (Estas formulaciones
aproximan también las ideas de Kierkegaard al budismo, puesto que el *dukkha* es el sentimiento de que el
momento presente está empañado por la anticipación de
la pérdida futura y por la transgresión social y moral. De
hecho, Kierkegaard insiste en que incluso en «los más
recónditos recovecos de felicidad de la buena fortuna

mora también el terror que es la desesperación»,[41] otro punto en común con el *dukkha*.)

Para Kierkegaard, el hombre es una curiosa mezcla de lo material y lo espiritual, una ingeniosa combinación de lo físico y lo psíquico, de cuerpo y mente, de «futuro y pasado, posibilidad y necesidad, finitud e infinitud».[42] Estas polaridades, de las que somos vagamente conscientes cuando tenemos en cuenta la complejidad de nuestras experiencias del mundo y nuestras ambivalentes respuestas a ellas, se hallan «unidas por el espíritu»,[43] nuestra consciencia de nuestra posibilidad de pecar, que apuntala la angustiosa relación de nuestro yo provisional, en vías de construcción y todavía irrealizado, con sus posibilidades futuras sin especificar. Si fuésemos criaturas puramente físicas y empíricas, estaríamos constreñidos y acorralados por la realidad empírica y las leyes físicas; pero como combinaciones de cuerpo y alma, gozamos de libertad gracias a la presencia del espíritu, que nos eleva por encima del reino mundano de lo físico mediante una dolorosa y aterradora consciencia de que no somos criaturas determinadas. Ahora bien, no somos solo criaturas libres para actuar; *somos criaturas conscientes de que somos libres para actuar*; podríamos haber sido criaturas dotadas de libertad de elección, pero no conscientes de su libertad. Un ser material, empírico y puramente físico, regulado por las leyes de la naturaleza, no poseería esta autoconsciencia del espíritu que nos recuerda que somos capaces de pecar, de escoger entre el bien y el mal, y de traer sobre nosotros mismos el bien y el mal. Nuestra libertad es posibilidad en sí misma, el aspecto espiritual, no material ni empírico del hombre que no se ha realizado y aguarda su compleción. La ansiedad es la manera en que la libertad se hace real y nos indica que la posibilidad en nuestras vidas es posible: somos esas criaturas seducidas, extasiadas y finalmente impulsadas a la acción por una consciencia de la posibilidad, un estado imbuido de ansiedad.

La ansiedad, sugería Kierkegaard en consonancia con sus inquietudes espirituales, es aquello que experimentamos en nuestro tránsito de la inocencia al conocimiento; es una premonición de la tarea que nos aguarda, un indicio en nuestras vidas de nuestro yo interior, y una llamada a lo que podríamos ser. De manera análoga a como el alpinista siente un temblor de miedo anticipatorio al afrontar una travesía helada y escarpada por una sima, pero sigue adelante, sabedor de que la marcha atrás no es una opción, de que delante le espera un autoexamen indispensable, gratificante a la par que severo, también nosotros debemos dar ese primer paso y avanzar. La ansiedad se convierte en el camino que hemos de recorrer desde un estado de anticipación hasta la realización; aquellos que se apartan de él, que renuncian al viaje, permanecen estáticos y neuróticamente confinados.

A medida que avanzamos por nuestras sendas de autocreación,[44] materializando algunas de nuestras posibilidades, nuestro crecimiento psíquico, moral e intelectual implica el desafío y la resistencia a las normas y los procedimientos establecidos (que pueden ser de índole familiar, social o religiosa); nuestro yo es único y debe hallar una realización particular, escogida por nosotros. La ruta de confianza es segura; el camino de la creación perpetua no lo es. En nuestras trayectorias evolutivas, afrontamos conflictos y crisis sociales y familiares cuando nos encontramos amenazados por el aislamiento espiritual y social; la individualidad se logra mediante la confrontación de la ansiedad (y la culpa) inherente a la toma de posición en contra de nuestro entorno. Kierkegaard sugiere que el deseo de llegar a ser uno mismo es nuestra auténtica vocación en este mundo, la tarea que hemos nacido para cumplir, ya que, al igual que Nietzsche, él nos concebía como artistas que, con nuestras acciones, creamos una obra de arte: nuestro yo en evolución.[45] Esto significa asimismo que, para Kierkegaard, las distracciones mundanas, que nos llaman a alcanzar unos estándares socialmente respetables de ingresos o estatus, son perniciosas distracciones de nuestra tarea existencial de autocreación. Cuando menos, si te descubres cumpliendo semejantes normas sociales y siendo declarado un éxito mundano, deberías desconfiar profundamente de lo que has logrado de hecho. Por el contrario, la incapacidad de alcanzar tales estándares es, como mínimo, no un motivo de irredimible desesperación, sino, antes bien, de una penetrante indagación de lo que de veras nos motiva y nos mueve.

Nuestras elecciones son destructivas de una vida más antigua; lo que nos aguarda es una entidad desconocida, nuestro nuevo yo y nuestra nueva vida. Nuestra autocreación implica que no existe ningún yo predeterminado a la espera de ser realizado; al contrario, este solo puede cobrar forma de manera gradual y, al igual que una polaroid podría horrorizarnos por aquello que revela lentamente, lo mismo podría suceder con nuestro yo emergente. Podemos intentar evitar esta responsabilidad por lo que hacemos con nosotros mismos tratando de convertirnos en otro, tal vez un ideal imaginado, alguien tradicional y convencional visible en las acciones ajenas. Esas sendas conducen a la «desesperación», un estado en el que, conscientemente o no, no estamos dispuestos a ser nosotros mismos. Se trata de un estado de auténtica enfermedad espiritual, una «enfermedad hacia la muerte», por así decirlo.[46]

Kierkegaard consideraba que el aspecto crucial de nuestra consciencia humana distintiva no era una mera consciencia perceptiva y sensorial, nuestra tan cacareada consciencia fenoménica, sino más bien una aguda consciencia de un mundo interior de volición y elección, la presencia del espíritu. Cuanto más acentuada esté esta consciencia de la posibilidad, mayor será nuestro grado de autoconsecución; llegamos a sentirnos más realizados cuanto más conscientes somos de nosotros mismos como los centros de la acción y la elección.[47] En nuestro interior se engendran agudos conflictos psíquicos por nuestra incapacidad de afrontar la ansiedad, el distintivo de nuestra libertad, y continuar avanzando; hemos de dejar que fluya a través de nuestro ser, a fin de que nuestro crecimiento no se vea impedido. El conflicto con la autoridad pospuesto o reprimido, o un antiguo plan de vida, una crisis relacional, los aplazamientos de las decisiones, las situaciones que requieren asunción de responsabilidad, los momentos de aislamiento, los pensamientos sobre la muerte: estos nudos en nuestro ser exigen un desenredo paciente en el aquí y el ahora, no huidas al futuro por realizar. Como veremos, estas sugerencias de conflictos psíquicos no resueltos ponen a Kierkegaard en consonancia con los postulados psicoanalíticos de que los estados mentales reprimidos requieren «trabajo elaborativo», pues de lo contrario se manifestarán en síntomas neuróticos. La ansiedad indica la presencia de una problemática, un conflicto interior cuya resolución requiere *una decisión, una elección, una acción.*

La ansiedad aparece asimismo cuando buscamos independencia y libertad incluso mientras anhelamos la seguridad que pretendemos dejar atrás. Muchas de nuestras rebeliones, supuestos experimentos para tantear el terreno fuera de la seguridad del hogar, no pasan de ser gestos vacíos, toda vez que nos apresuramos a regresar a un lugar seguro al primer indicio de amenaza. Como advierten los padres tanto consternados como divertidos, los hijos huyen de la conformidad con su familia para caer en brazos de la conformidad de sus grupos de pares, disfrazándose y comportándose como todos los demás miembros del grupo en cuestión. La ansiedad genera de este modo una tremenda disonancia, pues anhelamos y rehuimos al mismo tiempo la libertad; es «un deseo de aquello que tememos».[48] Siempre experimentamos esta disonancia, pues deseamos tanto actualizar como negar nuestras posibilidades; en cada caso, vemos que nos aguarda una consecuencia indeterminada. Por consiguiente, las «decisiones vitales», como mudarse, cambiar de trabajo, divorciarse, comprometerse con relaciones personales o cambiar de carrera universitaria, *deben* desencadenar la ansiedad. Para Kierkegaard, la diferencia entre los individuos neuróticos y los sanos está marcada por sus respectivas respuestas a la ansiedad: el individuo sano sigue adelante a pesar del conflicto interno y la angustia, actualizando su libertad, mientras que el enfermo se retira a un recinto más seguro, sacrificando de esa manera su libertad.

La presencia de la ansiedad indica la alentadora a la par que aterradora posibilidad de una vida única distintivamente moldeada, que requiere la destrucción de los antiguos modos de ser.[49] Así pues, la culpa es la compañera inevitable de la ansiedad; una maniobra terapéuticamente reveladora consiste en investigar si nuestros sentimientos de ansiedad se hallan inextricablemente ligados a los sentimientos de culpa; si lo están, merece la pena preguntar: «¿Qué nos sentimos culpables de hacer o de no hacer? *¿Ante quién o ante qué nos imaginamos que somos responsables por este fracaso?*». Las respuestas que podamos encontrar serán reveladoras e iluminadoras. (Obsérvese asimismo a este respecto una relación con el siguiente análisis freudiano: estamos angustiados porque sentimos que seremos hallados culpables de un pecado o un mal social o moral; de ahí que reprimamos nuestros deseos, nuestros sentimientos; si resulta peligroso expresar nuestra ira contra un ser querido, esto es, si sentimos que eso es «incorrecto», entonces el sentimiento de esa ira que surge en nuestro interior nos provoca ansiedad. Nos angustian nuestras emociones, nuestros deseos y necesidades, pues no cesamos de moralizarlos preguntándonos si son apropiados o correctos; este minucioso autoexamen moral, como habíamos señalado que sugería Nietzsche, podía generar una «mala conciencia» aquejada por la culpa y agobiada por la ansieda). Aquellos que crean no huyen de la ansiedad y la culpa, sino que navegan por ellas y las atraviesan.[50] Entendemos esa «travesía» por analogía con la natación: no nadamos a contracorriente; no intentamos nadar para llegar a la orilla; avanzamos con la corriente, manteniendo la aterradora sensación de turbulencia, de pérdida de control, de ausencia de un fondo sólido para nuestros pies, que deben continuar dando patadas. No podemos avanzar en ninguna otra dirección; el tirón de la corriente resulta aterrador, pero, si luchamos contra ella, o no realizamos ninguna acción, nos ahogaremos.

Podemos renunciar a nuestra preciada libertad, a nuestro indicio de posibilidad y espíritu, entregándonos a las reacciones neuróticas a la ansiedad y restringiendo fatalmente un desarrollo esencial al bloquear los caminos de la madurez y la autorrealización.[51] Podemos evitar la ansiedad en esta «era cobarde» en la que «a modo de distracciones», «las antorchas, los gritos y los címbalos»[52] de antaño han sido reemplazados por la televisión, las redes sociales y las interminables actualizaciones y notificaciones. Por consiguiente, Kierkegaard pone en valor de forma explícita al «individuo ético»[53] que se niega a sí mismo cualquier clase de paliativos, ya sean psíquicos, intelectuales o farmacológicos, puesto que al permitirnos ilusiones reconfortantes estamos viviendo una falsedad y esclavizándonos a nosotros mismos.[54] Esta evasión de la ansiedad implica que perdemos una preciosa oportunidad de producir una síntesis única de cuerpo y espíritu: no animal, no Dios, no materia inanimada. Las bestias y los ángeles tienen un ser bien definido, no pueden ser ninguna otra cosa; su conducta está prefijada y es conocida. En cambio, nosotros podemos ser tanto bestias como ángeles para nosotros y para aquellos a quienes amamos.

Nuestra ansiedad distintiva es engendrada por nuestra comprensión de las dimensiones de la posibilidad, que es más aterradora que la realidad. El mundo realizado es limitado; el mundo posible no lo es. El mundo realizado está limitado por las acciones humanas y las leyes físicas; el futuro posible y el más allá son ilimitados en su alcance. Ahí vemos la belleza y el terror; vemos la amenaza y la promesa; vemos el cielo y el infierno; todo es visible dentro del espacio de la posibilidad. Cuanto más imaginamos, cuantos más espacios de posibilidad evocamos, cuanto más creativas son nuestras evaluaciones de las elecciones y las acciones, mayor es la ansiedad que sentimos. Irónicamente, cuanto más creativos somos en el modelado de nuestra vida y de nosotros mismos, con más ansiedad nos comprometemos; la persona creativa está sumamente dotada en su capacidad de evocar estados alternativos de realidad; entre estos acechan posibilidades aterradoras.

Y solo cuando viajamos a través de la ansiedad de la posibilidad hallamos el valor para enfrentarnos al miedo a la realidad. Semejante viaje de instrucción requiere la aceptación de nuestra condición humana, «que no podemos exigir absolutamente nada de la vida, y que el horror, la perdición y la aniquilación viven al lado de cada ser humano»;[55] hemos de aprender «que toda angustia por la que [sentimos] alarma puede descender sobre [nosotros] en el instante siguiente».[56] Esta educación mediante la «posibilidad», «la más difícil de todas las categorías», nos permite captar «lo aterrador al igual que lo sonriente».[57] Hacerlo supone darse cuenta de que las posibilidades de la vida no están limitadas, salvo por la lógica y la imaginación conceptual. Acechan aquí los monstruos al igual que los ángeles; ciertamente, aquí hay dragones. No existen límites más allá de los cuales no pueda avanzar lo terrible, no hay muro capaz de contenerlo; no existe ningún intervalo específico para que duren los gozos; estos pueden ser tan fugaces y efímeros como la más leve de nuestras caprichosas fantasías. Para ser realmente educados mediante este conocimiento, mediante este viaje, hemos de sondear las atractivas profundidades de la vida y elevarnos hacia sus alturas insinuadas y por encima de ellas. Las ansiedades adquieren aquí forma y figura, cristalizando en temores; aquí, dentro del espacio de la posibilidad, cuando observamos alrededor sus formas onduladas, vemos abismos acechantes; estos indican los límites de nuestra imaginación, más allá de los cuales encuentran su morada monstruos peores que los que nuestra mente ha sido capaz de invocar. Retirarse desde este espacio febrilmente imaginado al de la vida empírica, lo que llamamos «realidad», supone llegar debidamente escarmentados por la constatación de que alguna vez habíamos osado demandar de este mundo algún consuelo; aprendemos a dar las gracias por los espacios de posibilidad que se han realizado en nuestra vida en nuestro favor. Pese a todos sus terrores, este mundo real y realizado sigue siendo menos que el mundo cuyos contornos habíamos bosquejado tan vívida y poderosamente mientras atravesábamos los espacios de la posibilidad. Cuanto más de cerca miramos de frente la posibilidad, más encontramos un hogar en la realidad que, pese a sus terrores, es solo un subconjunto de lo posible.[58]

Para un existencialista *cristiano* como Kierkegaard, la fe, comprometida y sincera, nos rescata de la ansiedad; inversamente, la ansiedad apunta en la dirección de la fe, pues la fe «se libera del momento de angustia de la muerte».[59] Kierkegaard imaginaba que la respuesta al absurdo existencial era un compromiso de creer en Cristo (no el convencional de la Iglesia, sino más bien el único individuo divino, el único «verdadero cristiano») y consideraba que nuestro reconocimiento de la ansiedad era la señal para que busquemos la fe. Aquel que lo haga descubrirá que «la angustia deviene [...] un espíritu ministrador que lo conduce, contra su voluntad, donde desea».[60] Esta ansiedad no es, pues, un demonio, sino una fuerza espiritual dentro de nosotros, un recordatorio de nuestra humanidad distintiva, imbuida de espíritu. Kierkegaard sugiere que la más profunda fortaleza, la mayor fuente de fuerza personal, el mayor compromiso con la certeza de la fe, la liberación y la esperanza, se desarrolla a partir de las confrontaciones exitosas de un individuo con las experiencias generadoras de ansiedad en su camino hacia un yo maduro. De hecho, como concluye *El concepto de la ansiedad*, Kierkegaard proclama: «Quien haya aprendido a estar angustiado de la manera apropiada habrá aprendido lo principal».[61] Si hemos comprendido de veras la significación de la ansiedad en nuestra vida y su relación con nuestra liberación espiritual, entonces hemos puesto en perspectiva las preocupaciones empíricas de este mundo; hemos aprendido que las demandas (inductoras de culpa) de este mundo tienen poca importancia en comparación con nuestra enorme responsabilidad existencial de ser nosotros mismos. Si, como insistía Kierkegaard, el coraje solo surge cuando un miedo mayor expulsa un miedo menor,[62] entonces hallaremos los recursos para confrontar la ansiedad cuando seamos plenamente conscientes del terrible coste de no hacerlo.

Kierkegaard no era ajeno al contexto histórico y cultural de los humanos que resultaba en sus encuentros idiosincrásicos con la ansiedad, pues consideraba que, en diferentes estructuras sociales, esta adopta distintas formas;[63] los individuos existen dentro de «un nexo histórico»,[64] de modo que la intensidad de nuestra ansiedad depende de un entorno muy específico caracterizado por «circunstancias culturales particulares».[65] En algunas sociedades no se pone ningún énfasis en la autoconstrucción; sus miembros no tienen ni la menor idea de que están angustiados porque no existe «ninguna relación consciente con el futuro»; en otras, «el futuro se concibe como predestinado».[66] Los católicos, pertrechados con una noción diferente de la fe, el alma y la presencia del espíritu, se angustian de una manera distinta de la de los hindúes, los judíos o los budistas, con sus diversas cosmologías, metafísicas y sensibilidades normativas; o de los estadounidenses en el siglo XX, o los chinos en el siglo XIX, que vivían en circunstancias empíricas muy variadas. No obstante, aunque el entorno condiciona al individuo e intensifica la ansiedad al dotar a su objeto de una forma más concreta, pues la nada de la angustia se convierte en algo, el entorno nunca determina por completo al individuo. De este modo, Kierkegaard reconoce la materialidad presente en nuestra vida, al tiempo que sigue atribuyendo al individuo la responsabilidad existencial por la autoconstrucción.

Así pues, resulta crucial que comprendamos que somos nosotros la fuente de la ansiedad, ya que esta no se produce desde fuera; es incesante y actúa desde dentro;[67] dondequiera que pongamos la vista, «allí está la ansiedad».[68] La procrastinación es un magnífico ejemplo: buscamos alivio de la ansiedad generada por la tarea que tenemos delante huyendo a los brazos de una ansiedad mayor causada por la no finalización de la tarea de la que hemos escapado. Sin embargo, considerando la típicamente perspicua afirmación de Kierkegaard de que nuestro valor para enfrentarnos a una clase particular de temor surge solamente cuando afrontamos un temor aún mayor, el escritor procrastinador consigue por fin trabajar cuando la ira del editor, o la pérdida del lector o su propia sensibilidad artística le provocan un miedo mayor que la ansiedad de la página en blanco y sus torpes tentativas de llenarla.

El aspecto más significativo de la sugerencia de Kierkegaard de que prestemos atención a la ansiedad es que, al advertirla, hablar de ella y reconocerla, no como patología, sino como una parte informativa de nosotros mismos, se convierte en algo que no hemos de expulsar, sino recibir de buen grado como un *mensaje* de nosotros mismos. Quedarnos con la ansiedad, detenernos y responder a su desafío, supone aceptar una forma de comunión secular con nosotros mismos. Por consiguiente, existe una nota nietzscheana en las exhortaciones de Kierkegaard: debemos mostrar *amor fati*, amor al destino; debemos ser dueños de nuestra ansiedad como una parte de nosotros, integrada y desplegada para convertir nuestra vida en aquello que deseemos. Kierkegaard nos insta a no desistir de experimentar nuestra ansiedad, pues ¿qué sucedería si viviésemos nuestra vida rehuyendo la experiencia de la ansiedad? Experimentaríamos entonces la auténtica desesperación según Kierkegaard; habríamos estado en la ansiedad, pero no la habríamos escuchado, no habríamos intentado entenderla y, por consiguiente, no nos habríamos comprendido a nosotros mismos ni quiénes podríamos ser. Habríamos tenido nuestra única oportunidad de ser nosotros mismos y, sin embargo, la habríamos desdeñado. Para Kierkegaard, concebir la ansiedad como una patología nos conduce a concebirnos a nosotros mismos como patología, a comprendernos a nosotros mismos como problemas, no como oportunidades; es «una prosaica estupidez» que «se ve como un trastorno».[69]

Al anticipar el psicoanálisis, Kierkegaard y Nietzsche encuentran una relación conceptual entre la culpa y la ansiedad; con mucha frecuencia, cuando estamos angustiados nos sentimos azotados por la culpa. ¿Estamos cometiendo transgresiones, reales o imaginadas, contra algún orden moral, religioso o social, impuesto sobre nosotros? ¿Sentimos inquietud por las perspectivas de condenación o excomunión que nos aguardan si cometemos u omitimos ciertas acciones? ¿Quién o qué imaginamos que está situado en una posición desde la que es capaz de juzgarnos de esa manera? ¿De dónde proceden sus escalas valorativas? ¿Quiénes son sus arquitectos? Esa voz en nuestra cabeza, la que nos reprende, cuyo hostigamiento rehuimos y tememos, ¿de quién es? Investigar esos interrogantes equivale nada menos que a desvelar la estructura de creencias y afectos que constituyen nuestro yo en vías de construcción. La mayor bendición de Kierkegaard para los angustiados es que nos asegura que el mundano oficio de vivir nuestra vida es un asunto de suprema importancia; la ansiedad que nos aflige y nos interpela al hacerlo no es una extraña, sino nosotros mismos. La santificación del día laborable con «lo último», la tarea de afrontar y trabajar nuestra ansiedad en nuestro camino hacia ser nosotros mismos, no debe considerarse una carga, sino una oportunidad que hemos de aprovechar.

El coraje de ser

El filósofo existencialista y teólogo protestante (luterano) Paul Tillich escribió su obra clásica *El coraje de ser* para declarar que necesitamos una valentía distintiva para existir, para persistir en la vida, para simplemente «ser». El libro de Tillich no se titula *El coraje de hacer la guerra* ni *El coraje de escalar montañas*; somos héroes, valientes, si podemos afirmar la vida y su singular desafío: la ansiedad. Al exhibir el coraje «democrático» de Sócrates, quien, al afirmar libremente su propia muerte, afirmó la vida,[70] confiamos en una aguda sabiduría, adquirida con esfuerzo, acerca de la naturaleza de nuestro ser: este está impregnado de una consciencia de su propia inexistencia. No tenemos que librar guerras para enfrentarnos a la muerte; nos enfrentamos a ella cada día que decidimos seguir viviendo. Esta ansiedad existencial no se trata con medicación; en la medida en que somos conscientes de la naturaleza de nuestra existencia, nos sentimos ansiosos. Las descripciones que ofrece Tillich de esta especie de ansiedad son sugerentes; nos ayudan a comprender por qué ciertas clases de ansiedad se sienten de una determinada manera, y por qué son omnipresentes, inquebrantables, una compañera perenne de cada hora de vigilia, una aseguradora permanente del más ordinario de los temores. Tillich capta así con éxito el *estado anímico* de la ansiedad; no es un miedo tangible y concreto, sino un escalofrío que recorre mi ser cuando este cobra consciencia de sí mismo, de su naturaleza. Para no estar ansiosos tendríamos que estar inconscientes o muertos.

En la concepción de Tillich de la ansiedad, esta es un indicador de un reino que, si bien no es de este mundo, se halla omnipresente en él: nuestra inevitable muerte y la eventual nada incognoscible. La ansiedad es una consciencia peculiar del «no ser» que aguarda tras la muerte:[71] una eterna presencia subterránea, una sombra inquebrantable, el sótano de nuestros estados de ánimo y nuestras emociones. Esta ansiedad existencial es constitutiva de la consciencia humana; el hombre puede definirse como el ser cuya consciencia se caracteriza por su perpetuo conocimiento de su propia extinción, su estar limitado por un vacío tan profundo que los conceptos intelectuales se desmoronan al tomarlo en cuenta. Nuestra vida es un momento de existencia rodeado por la inexistencia, antes, después y por todas partes; y lo sabemos mediante nuestra persistente confrontación con la amenaza del «no ser»[72] y su «ansiedad desnuda».[73] Esta oscuridad que invade cada imagen de claridad, este oscuro revestimiento de cada nube plateada que apuntala el desasosiego de incluso la saciedad, la satisfacción o el placer constantes: eso es la ansiedad. El coraje es nuestra afirmación de la vida, de la existencia continuada frente a esta condena segura al no ser perpetuo, nuestra firme creencia frente a la inexistencia que la muerte promete. Seguimos viviendo, actuando y eligiendo, con la nada y la muerte como compañeras, una demostración de coraje no excepcional, sino ordinario, que no es menos notable por lo que requiere.

Tal como Tillich lo entiende, los diversos desastres y eventualidades de la vida no provocan directamente la ansiedad; antes bien, lo que la causa es su provocación de la «consciencia latente»[74] de nuestra muerte, nuestro no ser; un miedo concreto y mundano, una crisis rutinaria (un pago atrasado, una crisis financiera, la demora de la llamada telefónica de un amante, una mala nota en un examen, una mirada furiosa de un amigo importante) penetra en nuestra consciencia para agravar esta ansiedad informe por la posibilidad asociada, por remota que sea, de la muerte y la nada. Incluso cuando no existe ningún peligro evidente, el hecho de ser, de existir, de ser consciente y estar despierto, puede recordarnos que esto no está destinado a durar para siempre. La ansiedad es un indicio de que nuestra vida es limitada, como lo son nuestros poderes y capacidades; de que, aunque dentro de nosotros moran multitudes y hay a nuestro alrededor una ilimitada profusión de belleza natural y riqueza artificial, somos criaturas finitas. Somos profundamente conscientes de que nuestras vidas son ondas en un estanque cósmico, de que un cosmos infinito perdurará y persistirá mientras nosotros pasamos a la nada ilimitada. La ansiedad es un recordatorio de nuestra curiosa condición, colgante entre dos infinitos informes; aunque somos finitos, participamos en aterradoras incursiones en la infinitud.

Nuestra consciencia de que podríamos ser inexistentes es distintiva, toda vez que no se trata tan solo de una consciencia de la «muerte», un término investido con un amplio significado y efecto cultural, sino de la nada en sentido literal. Por consiguiente, nuestro conocimiento del no ser no es una formulación abstracta aprendida de memoria; antes bien, la nada es una compañera persistente, una presencia que es el determinante crucial de un desasosiego que siempre nos acompaña a través de la oscuridad y de la luz, a través de la felicidad y la tristeza, a través de las inciertas trayectorias de las fortunas terrenales. Lo que torna intratable nuestra ansiedad es que no tiene ni puede tener ningún objeto identificable. Esta «ansiedad desnuda»[75] respecto del no ser es insoportable en su horror; es una experiencia nauseabunda y aterradora que convierte a los más valientes en bobos balbuceantes. Dado que la ansiedad carece de un punto focal y dado que su centralidad es un borrado del ser, una aniquilación de todo lo existente, no podemos interactuar ni luchar con ella; nuestra nada «no [es] un posible objeto de temor y coraje».[76] Una ansiedad semejante «pertenece a la existencia misma»;[77] las distracciones, las diversiones y las medicaciones son inútiles; hemos de hallar un modo de convivir con ella.

Con el fin de comprender el estado de ánimo de la ansiedad tal como Tillich la formula, considerémoslo un estado de consciencia en el que sentimos a un intruso agazapado en nuestro dominio mental que nos fuerza a reconocer su presencia. Esta «marca de la nada», por así decirlo, no puede ser dotada de un rostro o una forma; no puede ser desafiada con la mirada, ya que no hay nada que mirar; no puede ser atrapada, porque no hay nada tangible que capturar. Esta agonía perdurable de una ansiedad informe es experimentada por un ser que experimenta la muerte mientras sigue vivo, que experimenta una existencia imbuida de su propia terminación, su propia negación; la ansiedad sugiere lo que hay más allá, informe e imponente. La nada en la presencia del ser es la sombra en la luz, un recordatorio del eclipse final de la brillantez de la luz y la iluminación. Adentrarse en esa sombra es sentir un incómodo escalofrío, a la manera en que los montañeros experimentan el sol que pasa por detrás de una nube, desciende bajo el borde del valle y sume un circo y un prado alpinos radiantes en un crepúsculo amenazador.

Así pues, la inexistencia es la *fons et origo* de la ansiedad; el más mundano de los hechos cotidianos está teñido de esta insinuación de la nada a la que estamos destinados. Cuando estamos ausentes, voluntariamente o no, de una situación social, se nos recuerda que hubo un tiempo en el que estábamos ausentes de este mundo y que habrá otro en el que lo estaremos en el futuro (cada fotografía compartida en las redes sociales que no nos incluye empuja nuestra consciencia en esa dirección); nuestros amantes nos recuerdan que hubo un tiempo en el que no existíamos en sus vidas ni importábamos en sus cálculos (pensemos en la paralizante melancolía que nos aflige cuando contemplamos una fotografía de nuestros amantes antes de que nos conocieran); nuestros hijos son conscientes de que hubo un tiempo en que no existían en las vidas de sus padres (y acabarán por cobrar consciencia de que sus padres no durarán para siempre); los padres son conscientes de que no estarán vivos mientras sus hijos, amigos y familiares siguen viviendo. Por consiguiente, mediante la ansiedad recordamos nuestra transitoriedad, nuestra frágil, contingente e inestable presencia en este mundo. Solo podríamos librarnos de esta ansiedad si fuésemos inmortales, algo distinto de lo que somos.

Para Tillich, la ansiedad adopta tres formas, indexadas en función de las maneras en las que la nada amenaza nuestra existencia significativa, nuestra espiritualidad, nuestro propio ser: la ansiedad del «destino y la muerte», la ansiedad del «vacío y la pérdida del sentido» y la ansiedad

de «la culpa y la condenación».[78] Estas formas de ansiedad «ineludibles»,[79] las compañeras inevitables de un ser
preocupado por redimirse, por hacer justicia a su sentimiento de que su vida no es más que un distintivo parcial
de su existencia, se manifiestan concretamente en preguntas persistentes que nos acosan a cada paso: ¿qué me
sucederá en el futuro? ¿Cuándo moriré? ¿Cómo moriré?
¿Qué será de mí cuando muera? ¿Sufriré durante mucho
tiempo? ¿Sufrirán mis seres queridos cuando me vean sufrir? ¿Qué les sucederá a todos los que deje atrás, a mi
familia, mis amigos, mis amantes, mis obras? ¿Y si vivo mi
vida de la manera equivocada y la desperdicio? ¿Y si no
vivo mi vida con la suficiente riqueza ni la aprovecho lo
suficiente? ¿Por qué no me siento realizado a pesar de
hacer todo lo que mis culturas e ideologías residentes de-
mandan de mí? ¿Qué me aguarda una vez que haya cum-
plido las tareas «asignadas» en mi vida? ¿Cuál será mi
recompensa por haber hecho lo que se esperaba de mí?
¿He tomado las decisiones equivocadas y estoy ahora
condenado a la perdición eterna? ¿He sido una buena
persona? Ninguna obra puede completarse ni tampoco
sobrevivir; ¿por qué se espera entonces que dedique mi
vida a ella? Estos interrogantes permanecen sin respuesta
mientras vivimos nuestra vida; las respuestas sin fundamentos teístas, sin promesas de un más allá, no nos con-
suelan, pues sentimos que otros humanos ocultan sus
propias ansiedades brindándonos seguridades a nosotros; se sienten tan inseguros y aterrorizados como nosotros; su confianza es mera fanfarronada autoprotectora.
Cada pregunta existencial arriba formulada se convierte

en una confrontación con la ansiedad, y cada una requiere una afirmación de la existencia continuada en la ausencia de respuestas definitivas, un golpe propinado al no ser, a nuestra extinción.[80]

Estas insinuaciones del no ser no son meramente una carga. También cabe concebir la ansiedad como una fuerza sustentadora de la vida, toda vez que el no ser «obliga [al ser] a afirmarse dinámicamente»;[81] nos empuja a preguntar, a buscar, a indagar, a clarificar, a verificar, a confirmar, a reducir nuestra incertidumbre, a afianzar las garantías respecto de los caminos que hemos elegido; nuestras grandes distracciones y diversiones, nuestros asuntos vitales, generan el mundo material y sus preocupaciones, todas ellas liberaciones de nuestra ansiedad. Los dioses que nos observen desde sus posiciones elevadas deberían sentirse impresionados por la mera fecundidad del pensamiento y la riqueza de acción con las que combatimos nuestra ansiedad generando esas distracciones mentales y físicas que denominamos nuestras tareas vitales.

El análisis de la ansiedad de Tillich es un agudo recordatorio de lo desconcertante y aterradora que se nos antoja la muerte y nuestro estado *post mortem* resultante. Se nos dice que Dios y las doctrinas religiosas de la inmortalidad del alma existen porque tememos la muerte, de modo que nos reímos de lo religioso mientras apuramos nuestras bebidas cargadas, nos tomamos nuestras numerosas pastillas, cambiamos de canal, consultamos sin cesar los *likes* y retuits, y trabajamos jornadas de dieciséis horas para sumirnos en el olvido, exhaustos e insensibles. Tillich niega que tales maniobras desesperadas eludan la ansiedad existencial, puesto que, como criaturas biológicas, somos plenamente conscientes de que nuestra terminación biológica es también la terminación de nuestro yo.[82] Así pues, insistimos en que aceptaremos la muerte cuando llegue, incluso mientras revelamos con nuestras acciones y nuestras preocupaciones nerviosas y frenéticas que no la aceptamos ahora ni la aceptaremos cuando venga.

De niños, encontramos la muerte en una etapa temprana de la vida; sentimos, aunque fuese vagamente, el destino de todas las cosas y seres, un conocimiento intuitivo confirmado por las vidas que posteriormente vivimos. El morir y la muerte son de este mundo; vemos muertes en televisión; vemos morir a amigos y familiares; somos testigos del dolor de los enfermos de cáncer, las convulsiones de los ataques al corazón, los cadáveres destrozados de desconocidos tendidos al borde de la carretera; tememos un destino similar. Ahora bien, aunque la muerte es segura, su manera, su naturaleza y su momento no lo son. Esta es una gran incertidumbre generadora de ansiedad. Y el conocimiento de la manera, la naturaleza y el momento de la muerte también provoca ansiedad, puesto que sufrimos una ansiedad asociada con nuestro desconocimiento de cómo reaccionaremos cuando estemos muriendo. Sé que sufriré dolor; lo que temo son mis reacciones a su naturaleza inespecífica. Nuestro miedo se dirige a los pormenores de la muerte, en tanto que nuestra ansiedad está enraizada en la incertidumbre acerca de nuestra respuesta a la muerte; estamos angustiados frente a la muerte porque soportamos un miedo anticipatorio hacia el dolor y la decrepitud que acecha a los destinados a la muerte. Tenemos miedo de tener miedo, nos asusta estar asustados.

La muerte, el punto final de esta vida, puede ser temida; estamos angustiados por lo que vendrá después de que nuestro cuerpo sea arrojado a las llamas o enterrado. Nos percatamos de que no es tanto la muerte la que nos amenaza como la nada; lo que más tememos son esas noches oscuras en las que nos despertaremos e, incapaces de dormir, contemplaremos con terror silencioso el misterio que nos aguarda tras la muerte. Solo podemos sentir vagamente lo que yace después de la muerte; nos afanamos por imaginar lo inimaginable, la negación de nuestro ser cotidiano, que se caracteriza por la presencia y la persistencia. Cuando estamos angustiados, anticipamos nuestras reacciones a la amenaza que algún objeto nos plantea; nuestro temor a esas reacciones anticipadas es nuestra ansiedad.[83] Ahora bien, ¿cuál es la naturaleza de nuestro temor acerca de algo, nuestra nada *post mortem*, que es inconcebible?

Ese príncipe danés eternamente indeciso, Hamlet, también se lo preguntaba: «Pues qué podríamos soñar en nuestro sueño eterno, / ya libres del agobio terrenal, / es una consideración que frena el juicio» («*What dreams may come after / When we have shuffled off this mortal coil / Must give us pause*») y «El temor al más allá, / la tierra inexplorada de cuyas fronteras / ningún viajero vuelve, detiene los sentidos» («*The dread of something after death / The undiscovered country, from whose bourn / No traveler returns, puzzles the will*»).[84] Los materialistas se tranquilizan a sí mismos diciéndose que nos espera el olvido, un vacío como el sueño que disfrutamos antes de ser expulsados al mundo desnudos, indefensos y conscientes; están convencidos de que no soñaremos. Otros, persuadidos por las grandes religiones mundiales, especulan que nos aguardan tormentos o placeres eternos. A otros les preocupa que los estados de ser de los que no tenemos concepto alguno sean nuestro destino *post mortem*; estos son los más susceptibles a la ansiedad respecto del más allá, ya que sospechan que quienes aparentan seguridad han ocultado especialmente bien su incertidumbre, una invitación a la angustia de Hamlet. Para todos, la muerte y su nada asociada son aterradoras porque suponen la clase incorrecta de inmortalidad. Vinimos del vacío eterno y fuimos entregados a este breve respiro; tememos un retorno a esa misma eternidad después de haber experimentado la consciencia de esta existencia. No queremos una inmortalidad de la clase incorrecta, como la agonía en el fuego del infierno o una permanencia solitaria en un lugar oscuro. Nuestra ansiedad es un recordatorio, por muy ingeniosamente oculto que esté en nuestra consciencia por la monotonía de la vida cotidiana, de que nos aguarda la inmortalidad de un tipo indefinido e incognoscible.[85]

La afirmación de Tillich de que la angustia de los días laborables toca fondo en la ansiedad ante la muerte, en la gran desconocida de la muerte y la nada, resulta edificante y sugerente; nos ayuda a entender por qué las pérdidas mundanas adquieren su aterradora relevancia. Una pérdida material o mundana menor, si se proyecta y se interpreta simbólicamente como la mayor pérdida de todas, puede recordarnos nuestro propio borrado. La idea de que nuestra consciencia latente de la nada es ansiedad indica por qué esta se halla siempre presente con independencia de nuestro estado en el mundo. Ello refleja con exactitud un hecho bruto de la existencia: el poder que consigamos en este mundo es desventurado ante nuestra nada final, una limitación de la que siempre somos conscientes, por mucho que intentemos ignorarla. De hecho, el análisis de Tillich sugiere que *nuestro miedo a la nada es el «miedo que subyace a todos los miedos», la base de todas las variantes de ansiedad nombradas.* Y lo mismo sucede con la ansiedad ante la muerte; si rastreásemos las raíces de uno de nuestros temores de alto nivel hasta sus orígenes subterráneos, ¿qué clase de miedo descubriríamos que acecha allí? Una conveniente intervención terapéutica dirigida a uno mismo consiste en preguntarnos por qué cierta preocupación o temor distintivo es tan agudo, ¿qué otro miedo acecha detrás de él? ¿Y detrás de este? ¿Encontraremos allí miedos a la muerte y a la mortalidad? Quizá nuestros temores relativos a la seguridad laboral y a elegir la carrera equivocada se sustenten en el miedo a terminar sufriendo dolorosamente y muriendo de una enfermedad no tratada porque seamos demasiado pobres para permitirnos asistencia médica: un caso ejemplar de cómo un miedo material y tangible, alejado de las consideraciones existenciales, encuentra su fundamento en una informe ansiedad ante la muerte.

La aceptación filosófica de la muerte y nuestra nada final a la que nos insta Tillich conlleva la aceptación de varios axiomas existenciales, cada uno de los cuales genera y sostiene una aguda ansiedad: la finitud de nuestra vida; el carácter definitivo e irrevocable de nuestra muerte; la certeza del final de nuestra vida; la persistencia continuada del mundo y sus asuntos más allá de nosotros, indiferente e imperturbable; nuestra absoluta ordinariedad cuando ocupamos nuestro lugar en la fila; la monstruosa indiferencia del despreocupado cosmos hacia nuestros planes de vida, y nuestra percepción consciente de estas constricciones. Los actos valientes de afirmación de la vida como los que se requieren para vivir la vida cada día nos exigen integrar estos axiomas en nuestra comprensión de nosotros mismos, con el fin de afrontar directamente la posibilidad de la muerte y de acercar la muerte a nosotros, en vez de alejarla. Eso es lo que hacemos, por supuesto, cuando decidimos seguir viviendo; acercamos la muerte a cada segundo de cada hora de cada día. El análisis de Tillich nos recuerda asimismo que un importante factor determinante del abordaje de la ansiedad es percatarnos de las audacias de las que ya hemos demostrado ser capaces; hemos de empaquetar esas comprensiones de nosotros mismos en nuestra autoconcepción; hemos de erigirnos en héroes en nuestra mente para levantarnos por la mañana y volver nuestro rostro hacia el sol naciente para dar la bienvenida a otro día de incertidumbre y duda, y sí, de ansiedad.

La omnipresencia de la muerte y la nada, así como los recordatorios que nos ofrece de que el mundo en el que

vivimos es mera contingencia, es el fundamento dramático del estado anímico de ansiedad que hallamos en otro
filósofo existencialista, el controvertido y polarizador
Martin Heidegger.

El inhóspito estado de ánimo de la ansiedad

Leer los escritos de Martin Heidegger sobre la ansiedad [86]
puede volvernos más angustiados, no menos, no solo
porque la dificultad de su prosa filosófica es intimidatoria y opresiva, sino también porque el retrato que pinta
de la existencia humana es sumamente crudo e implacable. Yo intenté leer a Heidegger por primera vez hace
casi tres décadas; a menudo aprendo más de aquellos que
escriben sobre Heidegger que de él mismo.[87] El desdén
por su denso y oscuro estilo de escritura permite a algunos académicos utilizar su hoy incuestionable nazismo
(visible en sus numerosos pronunciamientos, escritos y
actos antes y durante las horas más oscuras de Alemania)
para rehusar leerlo. Yo simpatizo con esos rechazos esti-
lísticos y sustanciales; no obstante, las obras de Heidegger encierran agudas intuiciones de gran valor en aras de
la comprensión de una especie particular de ansiedad.

Para Heidegger, los hechos puros y duros de la existencia humana (que se desarrolla en el tiempo y no puede
considerarse aparte de él) son la muerte (la certeza que
nos *aguarda*), la nada (el estado incognoscible *después* de
la muerte) y el «ser arrojado», que significa una presencia
en un estado *ya* construido y preparado en el que nos

encontramos cuando nos volvemos autoconscientes; estos representan las constricciones duras e innegociables que hacen significativa la vida; su aceptación decidida, no su negación, es el único camino hacia una existencia auténtica. El estado de ánimo que nos permite enfrentarnos a este triplete crucial de parámetros existenciales y percatarnos de su significación es la ansiedad.

Las evidencias de Heidegger en pro de sus tesis filosóficas constituyen una invitación a retirarnos de lo dado, lo ordinario, lo normal, y a prestar atención a nuestros compañeros perennes, nuestros estados de ánimo y afectos, en los que confiamos como reveladores y noéticos; no privilegiamos el pensamiento lógico o el razonamiento. Nuestros estados de ánimo nos permiten descubrir esas cosas realmente importantes acerca de la existencia y la verdadera naturaleza de esta; esos estados anímicos (de melancolía, desasosiego, inquietud, temor, insatisfacción) ocultan y revelan la naturaleza de la existencia de un modo parcial y, sin embargo, de maneras profundamente significativas. Estas ensoñaciones privadas de lo experimentado y lo sentido (y no la teoría razonada, que se formaliza y se enuncia en términos que nos distancian de la desnudez de la existencia, del hecho de Ser) son el camino dorado hacia una comprensión más profunda de nosotros mismos. Obtenemos la clase más perspicua de autoconsciencia mediante nuestra experiencia de la *Angst*; la ansiedad nos permite comprender la naturaleza del ser, nuestra relación con la existencia, explorando el estado de ánimo o afecto que la acompaña.[88] Heidegger hace esencial la ansiedad; sin un encuentro con ella no tenemos ninguna oportunidad de comprender o aproximarnos a nuestra «mismidad» o a una relación auténtica con nuestra libertad y una vida libre de ilusiones.

La confianza de Heidegger en los estados de ánimo de los seres humanos, y no en una Razón Universal abstracta divorciada de las particularidades concretas de nuestras experiencias vividas, es crucialmente significativa, ya que nos insta a prestar atención a las idiosincrasias de las formas en las que sentimos y nos relacionamos con nuestro ser en este mundo, no a los modos en los que somos instruidos para sentir por las formas de pensamiento convencionalmente establecidas. Por consiguiente, Heidegger nos exhorta a apartarnos de la noción socialmente construida de *Das Man* (el «uno»), una entidad genérica que representa la conformidad social, y que nos ofrece la seguridad de un hogar confortable en medio de la extrañeza del mundo. La ansiedad es la constatación de la construcción de esta morada como un castillo de naipes cuya estabilidad depende del mutuo acuerdo y la coordinación empática de los absolutos extraños que son nuestros compañeros de viaje. Nuestro hogar está aquejado por una memorable fragilidad; una vez que hemos experimentado su ansiedad resultante, no la olvidaremos con facilidad, y la posibilidad de volver a encontrarnos en la misma situación nunca desaparece; es nuestra compañera de vida.

La ansiedad y sus estados de ánimo introducen un modo de pensar novedoso y no convencional; dentro de él, la familiaridad del mundo se desvanece y nos enfrentamos a la mera contingencia del mundo hecho por el hombre.[89] Este mundo anormal es más revelador que el normal: aquí, la ansiedad lleva nuestro ser fundamental, nuestra existencia desnuda, ante su propio potencial, lo que es y lo que podría ser. En nuestra vida cotidiana, vivimos de un modo inauténtico a la espera de la liberación y la salvación desde otro lugar; aceptamos el mundo tal como está construido (por quienes nos precedieron, con sus valores y normas egoístas y propagadores de poder), abdicando así de nuestra responsabilidad existencial de llevarlo más allá. Esta clase de existencia es superficial; existimos en su superficie sin una comprensión más profunda de su naturaleza. Aquí nos sentimos tranquilos y satisfechos; carecemos de curiosidad; no nos preocupamos por la naturaleza de la existencia, nuestro papel en ella o nuestras posibilidades; advertimos la brecha entre el mundo exterior y el sentimiento interior de nuestro ser, pero hacemos caso omiso. Aquí somos ajenos a nuestra singularidad, nuestra peculiaridad y nuestras posibilidades; existe una aterradora posibilidad de que nazcamos, vivamos y muramos sin haber sido conscientes de en qué consiste «todo esto».[90] Pero la existencia se filtra cuando nos «rescata» la ansiedad. Esta nos libera no a un modo de existencia en el que somos meramente impactados por el mundo como lo son las cosas o los objetos, sino más bien a uno en el que vivimos eligiendo y actuando. Comenzamos este proceso siendo llevados a afrontar la existencia a través de un estado de ánimo distintivo y especial que nos la revela: la ansiedad.

Heidegger emplea el término *inhóspito* («no en casa») para referirse a nuestro estado cuando perdemos la sensación de que este mundo es un lugar familiar. Cuando nos hallamos inmersos en nuestro mundo cotidiano, alienados de nuestro yo y nuestra situación existenciales, usando el legado recibido del mundo en el que hemos nacido, nos encontramos en un estado «cotidiano» o «caído»; tal como sugiere este lenguaje lapsario, este no es un estado de gracia, es una farsa, un encubrimiento, un barrer bajo la alfombra. La ansiedad es el aviso para que cesemos nuestra incorporación a este mundo de apariencia empírica. Aquí no estamos en casa, un hecho del que cobramos consciencia cuando el sentido complaciente de «estar-en-este-mundo» cede el paso a un angustiado «no-en-casa»; nos convertimos en extraños o forasteros en un lugar anteriormente comprendido. Este estado de ánimo de la ansiedad, no tocado por los asuntos humanos, nos lleva ante la presencia del gran vacío de la existencia y nos permite una medida de comprensión de sus dos facetas centrales: la muerte y la nada; la primera indica su finalización segura, y la segunda indica que este mundo, sin elecciones ni acciones humanas, carece por completo de sentido, significado y propósito.

Cualquier ruptura de lo ordinario dado puede exponernos a la crisis de significado que provoca el encuentro con la ansiedad. Cuando una herramienta cotidiana (como un martillo) con una función y ubicación predeterminadas en nuestra economía de la vida funciona según lo previsto, todo va bien; estos objetos del mundo están «a la mano», presentes para nosotros, que hemos sido «arrojados» a las situaciones del mundo. Aquí están, cargados de los significados construidos de la historia y la organización social; nuestra relación con ellos es clara; están especificadas las acciones que debemos realizar y las decisiones que hemos de tomar. Debo caminar hasta mi escritorio; debo sentarme; debo escoger mis herramientas, cuyo uso viene definido por su adecuación a las circunstancias empíricas; debo ponerme manos a la obra. Pero cuando estamos angustiados, cobramos consciencia de los sistemas construidos que mantienen la herramienta en cuestión; su propósito y su orientación se revelan como contingentes y no esenciales. Ahora, estos objetos nos devuelven una mirada perdida; se han despojado de sus significados atribuidos y ya no pueden comunicarse con nosotros. Los vemos sin los estratos de significados que les habíamos conferido cuando el mundo en el que existo se ha hundido en la insignificancia. Nos encontramos cara a cara con la pura vacuidad (la pura nada) de la pizarra del mundo, limpia de significado humano, a la espera de nuestras inscripciones.

La quiebra de la normalidad nos lleva a inspeccionar el mundo de nuevo; ya no nos sentimos en casa, se han perdido la comodidad y la seguridad; navegamos a la deriva; sufrimos una experiencia inhóspita cuando nos percatamos de que no-estamos-en-casa. (Cabe señalar la semejanza de esta experiencia con los llamados brotes psicóticos, que desembocan en viajes a la sala de urgencias y la prescripción de medicación psiquiátrica). Ahora, cuando el mundo fabricado de artefactos y significados predeterminados se desmorona, experimentamos el aislamiento y el temor existencial. Ahora, cuando advertimos que nuestro mundo convencional se ha derrumbado o ha perdido su pátina de normalidad, nuestra ansiedad, escondida y enterrada bajo capas de conformidad y mecanismos psicológicos de defensa, aparece como un estado de desorientación extrema y aterradora; el mundo indefinido e indiferenciado ya no tiene sentido. En la célebre y tremendamente difícil novela de Sartre *La náusea*, el mundo se revela a su protagonista, Roquentin, como «inhóspito» cuando su puro, desnudo y nauseabundo ser se torna visible tras su contemplación de las raíces de un árbol en un jardín. La visión de un árbol del parque y sus raíces induce en Roquentin una aguda consciencia de que el mundo conocido en el que habita se agota en un momento dado y él es abandonado a la deriva en su ser básico y primordial, sin el significado conferido mediante el acuerdo con sus congéneres humanos.

En este estado, me confronta una aterradora serie de pensamientos que lidian con la contingencia de mi mundo construido: ¿quién soy yo? ¿Mi nombre? Me lo pusieron mis padres; podría haber tenido muchos otros. ¿Mi nacionalidad? Un accidente contingente, generado por las vicisitudes de las vidas de mis padres. ¿Mi nación? Un accidente histórico que surgió hace solo unos cuantos siglos. ¿Mi religión? Podría haber tenido otra fe, haber sido educado para creer en otros dioses. ¿Mi idioma, en el que expreso mis pensamientos más profundos? El resultado de estar programado para hablar un dialecto local dependiente de mi ubicación cultural y la historia de mi familia; podría haber estado pensando, escribiendo y hablando en otro. ¿Mis mejores amigos? Completos desconocidos que me conocen a través de una serie de circunstancias fortuitas. ¿Mis hijos? También unos desconocidos, traídos al mundo por mí, que han cobrado forma ante mis ojos, que me consideran un misterio permanente y que seguirán siendo misteriosos ellos mismos. ¿Mis padres? Accidentes históricos, unos ineptos que fingen saberlo todo, cuyas vidas y motivaciones están destinadas a permanecer ocultas para mí, y cuyo origen e identidad me producen una gran perplejidad. ¿Esos grandes sacerdotes, sabios, filósofos y escritores, supuestas guías autorizadas para mi vida? «Humanos, demasiado humanos», sujetos a esas mismas contingencias y fragilidades. ¿Qué hay entonces de la gran certeza que nos prometen esos grandes sistemas de pensamiento tales como la religión, la filosofía o la ideología política? Una estructura de aparente estabilidad, en verdad un castillo de naipes, construido y garantizado por otros seres humanos atormentados y frágiles. Todo lo que valoramos y consideramos fijo es accidental, el resultado de coincidencias y casualidades; la solidez del mundo es un cuidadoso artificio de otros humanos, ignorantes y angustiados, igual que yo. Las bases de nuestro mundo y nuestra existencia están construidas sobre arena. Somos bolsas de sangre, huesos y carne; nuestra consciencia y nuestra vida son un accidente histórico. ¿Qué pasa entonces con nosotros? ¿Quiénes somos en realidad? ¿Cuál es mi verdadero nombre? ¿En qué consiste todo esto? Cuando se elimina esta superficie, esta pátina de lo normal, ¿qué y quién soy yo?

De repente siento frío y miedo, y busco a alguien que me consuele y me diga que todo irá bien; me refugio de nuevo en la seguridad, en la definición, en lo conocido, fijo, seguro e inmutable, el seno del mundo construido; buscamos un retorno a lo normal, porque no deseamos encontrar de nuevo el mundo. Hay un sentido en el que estoy condicionado a ser en el mundo; este es un lugar de seguridad y refugio. Siempre hallo mi camino de regreso allí, para hacerme cargo de roles y responsabilidades socialmente asumidos y asignados, para encontrar la vida prefabricada que me aguarda. En este mundo tengo un nombre, una nacionalidad, una religión y unos códigos de conducta; me han dicho adónde ir y qué hacer; mis sistemas de medios y fines están delineados con claridad; mis roles predeterminados están abiertos para mí, me invitan con su seguridad, su definición y su certeza, y traen consigo sus restricciones normativas y performativas cada vez más exigentes, que me oprimen y me angustian. Nos resulta tentador permitirnos formar parte de este mundo construido donde, cuando abrimos los ojos, nos encontramos «arrojados» a una situación con acciones, responsabilidades y elecciones a nuestra disposición.

Pero es difícil zafarse de ese destello de asombro y terror, de esa mirada aterrada y acompañada de náuseas a lo indefinido, a lo no mediado; nuestro lugar recién descubierto de extrañeza genera residuos que arrastramos mientras lo extraño y lo inhóspito nos presionan a través de los recordatorios de las posibilidades angustiantes del mundo. Por tanto, la ansiedad es una consciencia profunda de mí mismo en cuanto no mediado y desnudo, sin anclajes que soporten mi sentido del yo. Cuando entramos en el mundo, descubrimos que el hombre ha hecho comprensible al hombre, cubriendo nuestro ser con capas de teoría, conocimiento, entendimiento y construcción social; en nuestros momentos inhóspitos advertimos que estamos desnudos por debajo de nuestra ropa artificial. Estamos angustiados porque no sabemos quiénes somos y, de hecho, tememos averiguarlo, porque esta no es una cuestión de descubrimiento, sino de invención no guiada y construcción dolorosa. (También para Tillich, nuestra existencia contingente nos da ansiedad: la contingencia del hecho de que existamos en este tiempo, en este lugar, de este modo, con esta perspectiva; todo esto podría haber sido distinto y todavía podría serlo. Nunca hemos sido necesarios ni requeridos; hemos sido colocados aquí de manera fortuita y accidental, y seremos expulsados a su debido tiempo).

El reconocimiento de nuestra contingencia no solo se encuentra disponible para nuestra identidad, sino que es extensible a todas las cosas de este mundo. ¿Qué es esta cosa que llamamos «martillo»? Tiene un nombre y una función, pero solo posee un significado y una identidad dentro de una red construida de significados; esto es un «mango», esto es una «cabeza», cada uno de ellos nombrado e identificado para nosotros de manera similar; este es el «clavo» que se hunde en las mesas que fabricamos. Los objetos hechos por el hombre son contingentes; ¿y qué hay de los materiales y la materia misma? Son también meras sombras, nos informa la física moderna, ondas en un campo que penetra todo el espacio, cuya identidad depende de nuestras mediciones; si estudiamos suficiente metafísica, aprendemos incluso que los elementos básicos de la existencia, nuestras unidades básicas de medida y análisis, son nombrados e identificados por nosotros; las «clases naturales» como los «elementos químicos» son puestas ahí por nuestras teorías científicas y sus esquemas conceptuales; el mundo que conocemos resulta que ha sido creado por el hombre. Como señalara el filósofo pragmatista estadounidense William James: «El rastro de la serpiente humana está por todas partes».[91] Un rastro que incluye el nuestro: la ansiedad nos informa de que tenemos una oportunidad de hacer una contribución distintiva a estos rastros.

Cuando experimentamos la desfamiliarización inducida por semejante ansiedad existencial, nos vemos profundamente sacudidos; experimentamos cambios radicales de perspectiva que nos hacen considerar el mundo de nuevo como belleza y también terror, como cielo e infierno. La desorientación o alarma y la paranoia o terror cósmico en los «malos viajes» causados por las sustancias psicotrópicas o psicodélicas como el cannabis o el LSD resultan con frecuencia de su inducción de esta extrañeza, este estado inhóspito; esta extrañeza es provocada por esta autodisolución, esta pérdida del yo, de todo lo conocido y familiar. Como advierten muchos psiconautas atrapados en la vorágine psicodélica, la tarea más importante que cumplieron nuestros padres con sus cuidados amorosos consistió en sintonizarnos con la extrañeza de la realidad, el mayor viaje de todos. Ellos nos prepararon para ese empujón que nos introdujo en la extrañeza exterior, domesticada por los sistemas elaborados, aunque contingentes, de significados humanos impuestos sobre ella. Las preocupaciones del mundo, las distracciones virtuosas que definen lo «normal», nos mantienen cuerdos. Pero cabían otras disposiciones, otras redes de significados; esta revelación de que este mundo no es el único posible resulta una perspectiva aterradora para aquellos que consideran esencial para su cordura la estabilidad e invariancia de dicho mundo.

Cuando estoy poseído por el estado de ánimo de la ansiedad, me encuentro fuera del mundo convencional de significados aceptados; he perdido mi yo construido, ligado a roles terrenales, y me enfrento, en cambio, a mi nada, mi carencia de un yo antes de decidir qué yo podría ser. El yo que me es conferido por el mundo para ocupar un hueco público es una fachada que uso para desenvolverme por sus asuntos; cuando se quita esa máscara, lo que yace debajo es informe y deforme, a la espera de definición mediante mis elecciones. No puedo reducirme a la noción de un hombre convencional, a ese mítico *Das Man* (con sus roles sociales y finales deseables para una vida) que me aseguraron fervientemente que era la meta más elevada que podía alcanzar en mi civilización. Me siento solo; aquí estoy desorientado, soy el forastero, el único que posee una visión que torna inauténtico el mundo construido y convierte a sus demás residentes en zombis engañados a la espera de su autorrealización.

Me enfrento ahora a mi propia limitación, a mi propia vida circunscrita y limitada, delimitada por la muerte por un lado y por el antes de mi nacimiento por el otro. Una vez que esté muerto, no seré nada. Esta toma de consciencia, impulsada por mi experiencia de la ansiedad y su estado inhóspito acompañante, puede llevarme a actuar, a elegir o a acurrucarme en un rincón. Cuando me comprometo con este mundo, con esta vida, incluso mientras mi muerte inevitable se cierne sobre ella, he de comprometerme plenamente con mis elecciones y acciones en cada instante de mi vida, puesto que mi existencia depende de ello. Esta constatación *puede* hacerme apoderarme de nuevo del mundo y confrontar mi ser verdadero como ser-en-el-mundo, responsable de su creación. No hemos heredado el mundo sin más; tenemos un papel que desempeñar en él; nuestro camino hacia delante está pavimentado por nuestras elecciones.

Para Heidegger, es un error pensar en la muerte como un fenómeno biológico, un suceso futuro como cualquier otro en el que podemos evitar pensar, algo que les ocurre a otros con el estatus de una verdad abstracta y remota. Pero esta «huida ante la muerte»,[92] que se basa en la negación categórica y la deshonestidad, es una huida ante nosotros mismos. Cuando, en un estado de extrañeza, solos, con todas nuestras relaciones con el mundo terminadas, nos enfrentamos a la posibilidad de nuestra muerte, cobramos consciencia de que nuestro modo de existencia es el de un ente que se precipita hacia su propio borrado, su propia extinción y la nada final. Alcanzamos una aguda comprensión de la muerte; cuando aceptamos la muerte como una posibilidad que impregna nuestra vida, alcanzamos un elemento trascendental del conocimiento, toda vez que nos percatamos de que la inexistencia, la contrapartida de la existencia, es posible a cada instante. Cuando aceptamos nuestra muerte, nos liberamos porque nos abrimos a lo que puede suceder en cada momento, sin ningún falso consuelo; nuestras posibilidades devienen provisionales. Permanecemos libres de una absorción inútil en el mundo construido de los días laborables y concebimos nuestra existencia como limitada, modelada y conformada por nuestra mortalidad. Conforme se definen con nitidez estas crudas limitaciones de la existencia, nuestra vida adquiere a su vez claridad y definición.

La ansiedad es, pues, una informante de quiénes somos, de qué clase de ser somos, de la clase de ser que podemos tener si así lo elegimos. Nuestra consciencia *existencial*, más que funcionar como la intimidatoria moralizadora de la ética convencional, nos insta a confrontar y tratar nuestra ansiedad, a asumir la responsabilidad sobre nuestra vida, libres de culpa y temor a la desaprobación. Esta consciencia existencial, la voz de la ansiedad, la oímos como una voz extraña en nuestra existencia cotidiana; es una llamada a investigar nuestra verdadera naturaleza, a escuchar, a advertir quiénes somos y qué podemos llegar a ser. Pero estamos tan absorbidos por las demandas del mundo que no prestamos atención a esta llamada o intentamos suprimirla y reprimirla; o podemos malinterpretarla y medicarla. Al igual que la mayoría de la gente, podemos reducir la consciencia a un fenómeno social o cultural externo y adoptar la ética cotidiana convencional y dominante.[93] Ahora bien, concebir nuestra consciencia como objetiva y formalizada, consistente en el compromiso con las venerables creencias religiosas, los principios de la razón o las costumbres sociales, supone malinterpretar la llamada de la consciencia *existencial*. En nuestra existencia auténtica hemos de reconocer nuestras limitaciones y asumir que, al elegir una acción, excluimos otras de manera irrevocable; que, con cada acto positivo, asesinamos infinitamente muchas otras existencias.

Las distracciones de este mundo y nuestros propios «mecanismos de defensa» nos permiten reprimir nuestra consciencia de esos temidos estados de ánimo angustiados que nos visitan sin previa invitación. Pero la existencia no permite que sobrevivan esas defensas superficiales y deja que la ansiedad invada reiteradamente nuestras ciudadelas interiores. Reparamos el daño, pero seguimos sujetos a las intrusiones y los recordatorios, que tornan precario el mundo y generan en su lugar lo inhóspito. Esta experiencia de «no-estar-en-casa-en-el-mundo» está imbuida de una consciencia de la muerte, entendida ahora como la «imposibilidad de nuevas posibilidades», y la naturaleza contingente de nuestra existencia.[94] Vivimos así en un estado de absoluta posibilidad, amenazado todo el tiempo por la destrucción segura de todas las posibilidades. Somos criaturas conscientes de la incertidumbre y la certeza absolutas; una actúa como creadora de eventualidad aterradora; la otra, de un aterrador desconocimiento final. Somos el ser consciente de que el ahora no es todo cuanto existe, de que acechan un pasado por detrás y un futuro por delante. Tenemos recuerdos apesadumbrados y expectativas temerosas; estamos configurados para sentirnos angustiados indagando, actuando, eligiendo y viviendo en la incompletitud y la incertidumbre. De hecho, el agudo trío de parámetros existenciales (que somos en el tiempo, que este tiempo es finito y que somos conscientes de ese hecho) asegura que estemos siempre angustiados; las posesiones de la memoria y la anticipación garantizan que nos atribuyamos a nosotros mismos un yo y una personalidad perdurables, pero significa asimismo que nos resignamos a la ansiedad por sus destinos y fortunas, como señalara el Buda.

Las grandes obras de la literatura existencialista se refieren con frecuencia a personajes que se hallan aislados y se sienten extraños y espiritualmente enfermos, como los del clásico de Albert Camus, *El extranjero*, o *The Outsider*, de Richard Wright; estos protagonistas centrales se enfrentan una y otra vez al absurdo absoluto de este mundo y descubren que su única solución, la única manera de inyectar significado en una existencia carente de sentido, es mediante la elección, la decisión y la acción. Y una disposición a afrontar las consecuencias de sus elecciones: el mundo no nos enviará ninguna señal para confirmar que nuestras acciones son las correctas, sino la mera aprobación esperanzada de humanos desconcertados e inseguros como nosotros.

En mi vida, mis padres habían ordenado el mundo para mí, lo habían hecho comprensible, habían creado un lugar para mí y me habían contado que era mío. Cuando se marcharon, esas seguridades, esas garantías y ese lugar reservado se esfumaron; cuando me quedé huérfano, el mundo se volvió extraño y perdí mi lugar dentro de él para vagar sintiéndome solo y superfluo, a la deriva por un paisaje cruel e implacable. Pero, por encima de todo, era extraño; yo no sentía que perteneciese a él. Para descubrir «dónde» estaba y «quién» era yo, tuve que confrontar y resolver la idea de una identidad que había perdido sus presuntas amarras en el hogar, la familia y la nación; no cuento con completar nunca esta tarea, pues una identidad adquirida será siempre provisional. Heidegger nos recuerda la extrañeza que es nuestra persistente compañera, una presencia cruel y terrible a la que hemos de mirar a la cara si aspiramos a llegar a comprender quiénes y qué somos y podríamos ser todavía.

Los existencialistas están unidos por una insistencia en la libertad del hombre, y en la idea de que la ansiedad es nuestro indicador de que estamos constituidos por una consciencia de esta. No están unidos por la fe ni por sus ideas de la muerte y la nada; pero están de acuerdo en que afrontar y ocuparse de la ansiedad es esencial para nuestro autodesarrollo. De hecho, en estas confrontaciones es donde surge nuestro autodesarrollo; somos esas criaturas cuyo devenir depende crucialmente de nuestros encuentros con la ansiedad y sus resoluciones. Esta es, asimismo, un significante crucial en otro ámbito intelectual, el del psicoanálisis, una disciplina que debe su fundación a filósofos como Arthur Schopenhauer, Nietzsche y Kierkegaard, y que entendía la ansiedad como un indicador de conflictos internos, que necesitaban ser resueltos para que continuase el crecimiento personal. Sin esa resolución surgían neurosis, fobias y trastornos.

REPRESIÓN, CONFLICTO, TRAUMA MEMORABLE

Para Sigmund Freud, la ansiedad era central en el psicoanálisis; era una emoción esquiva, y un concepto que definió y redefinió más de una vez para ubicarlo en su lugar apropiado en el psiquismo humano; sus esfuerzos por encapsular sus diversas relaciones con la panoplia de trastornos, fobias y neurosis que parecía apuntalar muestran que era (con frecuencia dolorosamente) consciente de su complejidad y sus múltiples naturalezas.[1] La ansiedad se podía entender simultáneamente como un rasgo ontológico de la existencia humana (si nacías, estabas angustiado) y como una característica contingente de nuestras respuestas biológicas, psicológicas y culturales a este mundo y las civilizaciones que habíamos erigido para dominarlo, ya que la ansiedad (gracias a su persistente compañera, la culpa) era una respuesta a sus restricciones impuestas y a sus exigentes estándares y normas morales. Dimanaba asimismo de la estructura de la mente humana, toda vez que la noción freudiana de la ansiedad dependía de manera crucial del aparato teórico psicoanalítico: la libido; el objeto libidinal; el inconsciente; las pulsiones, frustradas o no; el ello, el yo, el superyó y las complejas interacciones entre ellos. La ansiedad se podría entender como una señal de conflicto en la dinámica relacional de la mente descrita por un modelo teórico tan abstracto. Es importante señalar que la ansiedad dependía de la interacción entre la psicología individual y el entorno social; cada noción de la ansiedad desarrollada por Freud era de alguna forma un resultado de una interacción idiosincrásica o un conflicto interno relacionado con el mundo «exterior».

Reducida a sus fundamentos, en la visión psicoanalítica culminante, la ansiedad es nuestra respuesta temerosa a un mundo destinado a no satisfacer nuestras necesidades más profundas; su análisis refleja una visión trágica de la existencia. Este mundo nos causará una y otra vez pérdidas dolorosas y aterradoras; la ansiedad marca la trayectoria de nuestras vidas conforme pasamos de una pérdida real a otras pérdidas imaginadas, recordando traumas pasados y activando antiguos temores en el proceso. La ansiedad aparece como una fuente de *autoconocimiento*, porque mediante nuestra experiencia de ella es como detectamos la presencia de conflictos internos en nuestra psique y nos percatamos de que vivimos en una casa dividida, no unitaria; como comprendemos que dentro de nosotros acecha la represión, en respuesta a las restricciones inductoras de culpa de este mundo; como cobramos consciencia de que hemos sufrido pérdidas en nuestra historia cuya recurrencia tememos en nuestras vidas; y como vivimos nuestras vidas amenazados por, y anticipando con temor, una pérdida familiar a la par que arcaica. Nuestra capacidad para no esperar una seguridad imaginada y dolorosamente recordada que el mundo no puede volver a proporcionarnos jamás es la clave para integrar nuestras ansiedades en nuestro yo en constante evolución.

Dentro del marco psicoanalítico, la ansiedad era la base de todas las psicopatologías, una crisis fundamental en la mente que apuntalaba otras: cuanto más grave la ansiedad, más grave la enfermedad mental asociada y mayor la tarea del psicoanalista (y del sujeto analizado). Resolver la ansiedad aliviando la represión ejercida por la mente, resolviendo los conflictos internos, reconciliándose uno mismo con las pérdidas anteriores y siguiendo adelante sin un «objeto perdido» amado llegaba a ser esencial para resolver la enfermedad mental asociada. Seguir avanzando por la vida, afrontando la ansiedad durante el proceso, era un signo de madurez emocional y psicológica para Freud, al igual que lo era para Kierkegaard; ambos sostenían que un conflicto interno fundamental o «bloqueo» tenía que aliviarse mediante un proceso de «trabajo». Si para Kierkegaard y los existencialistas los fracasos a la hora de resolver la ansiedad desembocaban en un yo inacabado, para Freud y el psicoanálisis la incapacidad para resolver la ansiedad nos dejaba con un yo conflictivo y dañado (un yo neurótico) que vivía en el pasado y estaba atormentado por este. Nuestra ansiedad era un signo de que los fantasmas eran nuestros compañeros mentales; saltábamos en respuesta a sombras y terrores imaginados, otorgando a los acontecimientos mundanos una importancia exagerada solo porque nos recordaban nuestras pérdidas y temores pasados y reales. No estábamos viviendo en el presente; estábamos viviendo en el pasado, como si fuésemos niños, viviendo una infancia perpetua.

La resolución de la ansiedad mediante el psicoanálisis nos exigía, por tanto, convertirnos en adultos, aceptar que se había producido una pérdida en el pasado y que inevitablemente vendrían otras. Si no reconocíamos la primera pérdida y nuestra temerosa reacción a ella, estábamos destinados a repetir el trauma. El trabajo sobre nuestra ansiedad consistía en comprendernos a nosotros mismos mediante una arqueología y una genealogía analíticas que condujesen al autoconocimiento, la autorreconciliación y la aceptación. La noción de «reconciliación» reviste una importancia especial; el psicoanálisis nos instaba a seguir adelante sin las reconfortantes ilusiones de la infancia ni las esperanzas que habían engendrado en un ser destinado a seguir adelante en solitario de que siempre tendría compañía, asistencia y seguridad. Estábamos solos, completamente solos, y el psicoanálisis nos urgía a aceptar este hecho y confrontar sus consecuencias. Más que pedirnos que nos regodeásemos en el afecto primitivo de la infancia, alentaba una respuesta adulta: el reconocimiento de que el amor y el cuidado de nuestros padres era un acontecimiento único que no se repetiría en nuestra vida. El psicoanálisis requería una aceptación radical de este mundo tal cual es: no podíamos evitar el nacimiento porque pertenecía al pasado; no podíamos evitar la pérdida literal o figurada de la madre, con independencia de la forma que adoptase ese cuidado maternal en nuestra vida; no podíamos evitar vivir solos, porque incluso cuando creyéramos haber encontrado parejas y amores, estos nunca nos proporcionarían la compañía y el cuidado que disfrutamos en nuestra niñez. Al negar estas incontrovertibles limitaciones de la realidad, mediante los mecanismos de defensa y la producción de la ansiedad, invitábamos a la neurosis. La ansiedad era la señal crucial que indicaba que estábamos cargados de conflictos, reprimidos y necesitados de psicoanálisis.

Para Freud, había habido tres desarrollos teóricos de la ansiedad a lo largo del tiempo. En un primer momento, se entendió mediante la denominada teoría tóxica de la libido; luego, como causante de la represión interna y autodirigida; y, finalmente, como una señal de peligro inminente, que advertía al yo o ego de que estaba a punto de producirse una situación de abandono e indefensión inminente y familiar por ser recordada. La primera formulación de la ansiedad por parte de Freud la trataba como un fenómeno biológico; la segunda, como una señal de conflicto psíquico interior e inconsciente entre los deseos ilimitados del ello desinhibido, el yo realista y el superyó moralmente represivo; la tercera trataba la mente como un teatro para el recuerdo de la pérdida, ya que la ansiedad se convierte en un signo de los acontecimientos traumáticos, una forma de anticipar y prepararse para el trauma. Como Freud llegó a creer, «el yo era la sede de la ansiedad»,[2] porque su tempestuosa y conflictiva relación con el ello y el superyó era crucialmente generadora y determinante de la ansiedad.

La primera teoría de Freud sobre la ansiedad, la «teoría tóxica», sugería que se trataba de una *transformación* de la libido causada por un fallo fisiológico o por la represión externa; aquí era energía libidinal reprimida, no liberada, reflejo de tensión y frustración, creada por la incapacidad de satisfacer adecuadamente las demandas de nuestra libido.[3] En esta formulación, Freud entendía que la ansiedad resultaba de una incapacidad de descargar una tensión esencial que ha de hallar alivio. La incapacidad sexual era uno de esos fallos críticos a la hora de descargar la libido para encontrar alivio; sus sufridores paradigmáticos eran el novio torpe, nervioso e incompetente en una noche de bodas; el santo virtuoso que practica la abstinencia dentro de los confines de una institución represiva; el esposo católico obligado a usar el método del ritmo o calendario para el control de la natalidad. En cada uno de los casos, la energía sexual no se descargaba y se transformaba en una mezcla tóxica: la ansiedad. No es la causada por el rendimiento sexual la que hace que el novio no sea capaz de cumplir; antes bien, es el fallo fisiológico del desempeño sexual lo que la causa; y no es la ansiedad la que impide al santo disfrutar del sexo, sino más bien el código externo de castidad requerido por sus votos; la ansiedad resultaba de su incapacidad de hallar alivio sexual. Por consiguiente, esta resultaba de la represión externa o estaba causada por esta.

También en la segunda teoría de Freud existe represión, porque cuando el yo no logra dirigir, reorientar o satisfacer los deseos o las emociones moralmente prohibidos del ello, la ansiedad hace que los deseos del ello sean reprimidos por el yo. La diferencia crucial estriba en que aquí la represión es interna y causada por una parte de la mente contra otra, por la reacción angustiosa de un componente mental a los deseos expresados de otro. Esta ansiedad es un sello distintivo del conflicto en nuestra mente, su reacción al mundo social, a sus limitaciones realistas y a sus demandas morales asociadas. Y es que el precio de nuestro mundo civilizado, de nuestro distanciamiento de la naturaleza, es una represión ocasionada por la ansiedad; la moralidad sexual de nuestro mundo, la base de la estructura familiar y las agrupaciones sociales, depende de la frustración cargada de culpa, interna y externa, de aquellos de nuestros impulsos y deseos que el mundo considera intolerables.[4] La ansiedad es una señal para nosotros de que albergamos unas emociones, unos deseos y una sexualidad que están reprimidos; la tarea del psicoanálisis (y del psicoanalista y el sujeto analizado) consistía en permitir una investigación de esa represión con el fin de contribuir al trabajo sobre la ansiedad y al alivio de dicha represión. Resulta crucial señalar que esto no significa que expresemos el deseo reprimido y actuemos sobre él; antes bien, significa que reconocemos la existencia de este deseo y reflexionamos sobre lo que implica para nuestra relación con el objeto en cuestión y para nuestro presente vivido. Ninguno de estos pasos es trivial; de ahí la intratabilidad demasiado común del proceso psicoanalítico.[5]

La primera formulación de la ansiedad la consideraba libido externamente reprimida y, por ende, transformada; la segunda formulación la consideraba evidencia de conflictos internos cuando el yo y el superyó reprimían el ello y no le permitían expresar deseos moralmente peligrosos (cuyo cobijo ocasionaba culpa en nosotros). La ansiedad creaba aquí fuerzas internas de represión, frente a las fuerzas externas de conformidad que la generaban en el primer modelo. El foco psicoanalítico la estudia de lo social a lo individual: el mundo no me reprime ni me vigila; soy yo, mi propia mente, quien lo hace. Así pues, la ansiedad producía represión y no a la inversa; Freud la denominaba «angustia neurótica» porque causa neurosis, no porque sea causada por la neurosis. En este modelo de la ansiedad que surge del conflicto interior, tener un deseo, pero también creer que dicho deseo es inmoral o peligroso, conlleva sufrir culpa y angustia; nos acercamos al fruto prohibido y, sin embargo, lo rehuimos; nos angustiamos. ¡Esto debería recordarnos a Kierkegaard!

Para Freud, la ansiedad que causaba la represión (cuando el superyó moralmente censurador atacaba al yo o el prudente yo resistía las demandas deseantes del ello) engendraba «mecanismos de defensa» y, a su vez, los síntomas neuróticos de las fobias y los trastornos. La amenazadora demanda instintiva interna (como el deseo sexual incestuoso hacia un pariente o la ira contra un padre, un amigo o un amante que podría retirar su afecto) era la raíz de la ansiedad neurótica. Tenemos miedo de nuestros deseos o de nuestras expresiones de emociones problemáticas, como la ira, y luchamos para suprimirlos, para restringirlos, para mantenerlos ocultos, no solo para el mundo exterior, sino también para nosotros mismos. (A veces, esos deseos reprimidos hallan expresión en sueños misteriosos y surrealistas). Pero una vez que desplazamos ese temor hacia algún elemento del mundo, tenemos una fobia o trastorno visible. Un agorafóbico, alguien que tiene miedo a los espacios abiertos, siente ansiedad por sus deseos prohibidos (quizá el deseo sexual de un hijo lujurioso por su madre) y lo ha desplazado a un espacio abierto. Este miedo, hecho visible, exterior y concreto, puede ser dominado; los espacios abiertos pueden evitarse, mientras que el deseo prohibido surge en nosotros sin invitación previa y de modo incontrolable, prueba de que nosotros mismos estamos fuera de control. Por lo tanto, las neurosis ofrecían una forma sustitutoria de satisfacción de deseos reprimidos, preferible a la represión del impulso, ya que, si se negaba este, se producía ansiedad.[6] *La evitación de una clase particular de angustia* es la «ganancia» que obtiene el paciente del síntoma y de su neurosis asociada y resultante. (Esta sugerencia, según la cual las emociones supuestamente irracionales son experimentadas y concebidas como racionales por el paciente dentro de un esquema interno, supone una notable innovación teórica por parte de Freud).

La idea freudiana de que la represión sexual causa ansiedad resulta iluminadora teniendo en cuenta la vigilancia y la regulación social del sexo en la Viena y otros lugares europeos de finales del siglo XIX, pero ¿qué sucede con las culturas y civilizaciones como las nuestras, que mediante sus demandas públicas y anunciadas de rendimiento y éxito sexual engendran una ansiedad por la ineptitud sexual, una ansiedad por el fracaso sexual? Y es que, en nuestra sociedad, nos enfrentamos al problema del castigo no por el rendimiento, sino por el *bajo rendimiento*: nuestras culturas nos saturan con imágenes de potenciales parejas románticas idealizadas e intérpretes sexuales con cuerpos perfectos; en internet y en otros ámbitos, se nos administra a diario una dosis de ineptitud sexual, inseguridad y frustración. No somos suficientemente sexuales; no somos lo bastante guapos o sexualmente activos; nuestra lista de «conquistas» parece lamentablemente pequeña; por supuesto, las mujeres han sido y siguen siendo censuradas, perseguidas y vigiladas por su sexualidad. Dado que pasamos tanto tiempo con nuestros cuerpos haciendo dieta, entrenando y posando para fotos de Instagram, ¿no deberíamos estar teniendo más sexo, un sexo mejor, un sexo más atlético y espectacular, como parecen tener otras personas en las redes sociales? El fenómeno moderno de los *incels* o célibes involuntarios es respaldado tanto por la misoginia como por una ansiedad aguda por el fracaso sexual en un mundo que se jacta de las demostraciones públicas de sexualidad y éxito sexual. El *incel* halla una expresión de su ansiedad por el fracaso sexual en su misoginia: ¿por qué se me va a negar el sexo cuando tantas personas afortunadas tienen todo el sexo que desean? ¿Por qué las mujeres me niegan el acceso sexual cuando no están sujetas a restricciones sociales? Deben de estar dispensando sus favores sexuales en otros lugares; ¿por qué no a mí?

En una sociedad semejante, saturada de imágenes y representaciones de deseo y sexo, la monogamia parece una configuración social particularmente perversa, sobre todo dada la cantidad de tiempo que se supone que hemos de dedicar a pulir nuestros cuerpos para placeres sexuales inaccesibles. El papel cultural que desempeñan el rendimiento, la inseguridad y los celos sexuales determina de modo significativo nuestro sentimiento de ineptitud sexual: podemos angustiarnos no solo por el fracaso y el bajo rendimiento sexual, sino también, en nuestra cultura, por nuestra incapacidad de estar a la altura de los ideales sexuales vendidos sin tregua por nuestras culturas. No hemos tenido sexo con suficientes personas ni con las personas adecuadas. Para las mujeres, esta ansiedad sexual soporta la carga patriarcal de la necesidad de ser sexuales a la par que castas, una receta perfecta para la disonancia cognitiva. La pornografía (que satura nuestros espacios en línea) torna inadecuada nuestra sexualidad; nuestras vidas sexuales personales se antojan pálidas e insípidas en comparación. Podemos tener todo el sexo que deseemos y, sin embargo, seguir estando sexualmente insatisfechos, una nueva comprensión del fracaso sexual. Nuestro entorno moderno puede ser angustiante por las razones opuestas a las imaginadas por Freud.

En la teoría madura y definitiva de Freud sobre la ansiedad, una angustia profunda y primigenia era ocasionada por el nacimiento, el acontecimiento más traumático y dramático de todos, nuestro desgajamiento del más seguro de los refugios. El nacimiento es la plantilla y el prototipo de los traumas posteriores, y su sombra se cierne sobre las subsiguientes angustias experimentadas por el individuo, cuya mente reproducía un acontecimiento anterior «para hacer frente a un suceso idéntico si ocurriera en el futuro». Esta clase de ansiedad era un *estado mental de señalización*, en el que una «recreación de un suceso anterior» permitía rememorar el pasado y predecir el futuro.[7] La ansiedad es una señal que nos recuerda el pasado; sentimos y anticipamos la repetición de una situación para la que acecha una reacción primitiva en la psique: la absoluta indefensión que sentimos de niños. Ese era un estado peculiar de los humanos, porque ninguna otra cría era tan indefensa como el humano en su entorno poco familiar fuera del vientre materno.

Freud distinguía entre una ansiedad que era una reacción primitiva a una situación traumática (como el nacimiento o la pérdida del amor maternal) que ocurría a una edad temprana y una que invocaba de nuevo aquella angustia primitiva. En el caso de la primera, la «angustia de reacción», el niño aún en desarrollo se siente abrumado por un peligro real o percibido; ese peligro se evita porque el niño espera una ayuda que contrarreste la amenaza, y, de hecho, en nuestra infancia esa asistencia suele estar disponible gracias al consuelo de nuestros padres, que aparecen mágicamente de entre la niebla para echarnos una mano. *La ansiedad es el miedo resucitado a la pérdida de un objeto cuya presencia antaño nos ofrecía protección contra una situación peligrosa en la que estábamos desamparados*. Las diferentes etapas vitales (como corresponde a su estatus psicoanalítico como distintas etapas del desarrollo) producían diferentes temores y diferentes objetos asociados con ellos como salvadores. Cuando se nos separaba de nuestra madre, resucitábamos el trauma del nacimiento; cuando sufríamos la ira del superyó y temíamos perder su amor y sus cuidados, resucitábamos el miedo a la pérdida de la madre. La ansiedad por la condena social o la pérdida del estatus social debida al conflicto entre el yo, el superyó y el ello era tan aguda porque resucitaba temores primigenios como la pérdida del objeto madre o, dependiendo de la fase de desarrollo, el miedo a la castración.

Había dos fases distintas en la creación de la angustia neurótica. En primer lugar, nos oprimía una angustia en una situación traumática de la vida y, después, una angustia secundaria anticipaba una repetición de dicha situación, desencadenando los diversos mecanismos de defensa de las neurosis, las fobias y los trastornos, concebidos ahora como síntomas de una ansiedad no resuelta. Los estados traumáticos primigenios se experimentaban cuando nacíamos y se invocaban en etapas posteriores de la vida cuando se producían pérdidas cruciales: la pérdida de un objeto libidinal, la pérdida del amor del objeto libidinal. Freud solía decir que «el hallazgo de un objeto es, de hecho, un redescubrimiento del mismo»,[8] que cuando encontrábamos una pareja romántica o satisfacción en el trabajo estábamos recreando un placer antiguo, un apego precedente de la libido a un objeto externo; de la misma forma, «toda pérdida era una repetición», puesto que la mente era un teatro en el que los traumas primordiales se volvían a representar con distintas apariencias, asaltándonos desde los rincones de la vida, desencadenando en nosotros una y otra vez ese aterrador encuentro primario con el nacimiento y evocando la posibilidad de la pérdida del objeto preferido que tanto apreciábamos.

Por tanto, las distintas formas de la ansiedad aparecen en cada etapa de la vida psíquica, precisamente porque las pérdidas que sufrimos en cada etapa son distintivas: la pérdida del útero materno; la pérdida del pecho y la madre en nuestra infancia; la disminución del amor y los cuidados de nuestros padres a medida que nos individualizamos; estas son recreadas y escenificadas por la mente conforme nos vamos abriendo camino por el mundo. En una resonancia crucial con la idea de Tillich de que las pérdidas mundanas son recordatorios de nuestra nada final, estamos obligados a experimentar la ansiedad conforme nos movemos por la vida porque asimilamos con demasiada facilidad las pérdidas mundanas, diarias y triviales a los traumas cósmicos y primigenios del nacimiento, de la separación de la «buena madre».

Por consiguiente, en la teoría madura de la ansiedad de Freud, nuestra vida psíquica se ve configurada por la experiencia primordial de la angustia del nacimiento, que sirve como plantilla para las formas posteriores de experiencia angustiosa. Las ansiedades primigenias son el nacimiento, la separación y la castración, no la muerte; nuestra ansiedad da la impresión de ser un miedo a «nada» porque es un temor oscurecido a un acontecimiento histórico; un miedo concreto, por ejemplo, el miedo a la pérdida de la madre, ha sido cubierto con capas de tiempo; el suceso traumático no se recuerda directamente, sino solo a través de sus huellas angustiadas en nuestro inconsciente. Esa presencia acechante explica por qué la ansiedad se experimenta como un malestar indefinido y no localizable. Nuestros episodios de ansiedad recuerdan esos peligros imprecisos, en especial el del trauma del nacimiento; de hecho, como solía insistir Freud, toda ansiedad que experimentamos es, en cierto modo, una nueva invocación del más traumático de los acontecimientos vitales. El trauma «real» responsable de la ansiedad ocurrió a una edad temprana; la ansiedad posterior funcionaba como una señal de peligro anticipado una vez reprimido el recuerdo del suceso traumático (un acontecimiento memorable y aterrador) y transformado en ansiedad su afecto concomitante. Freud ponía de relieve el afecto de «desvalimiento» o «indefensión», puesto que la ansiedad era nuestra reacción primaria a dicho sentimiento, tan característica del infante humano, que reproduciríamos más tarde en la vida como una llamada de ayuda frente al trauma anticipado.

Unas pocas citas escogidas de Freud nos ayudan a reflexionar sobre las concepciones de la ansiedad en sus formulaciones finales. En primer lugar, nuestra ansiedad primaria es «la pérdida del objeto [de cuidado materno]».[9] Esto se refería al miedo concreto a la pérdida de la madre, el miedo a «sentir la pérdida de la persona amada (añorada)».[10] Y, por supuesto, si alguna de las emociones que expresásemos nos hiciera perder el amor de un ser querido, entonces nuestra mente se angustiaría ante la idea de volver a expresar dicha emoción por temor a perder a alguien o algo, una pérdida que nos recordaría la primera pérdida terrible que habíamos sufrido. Durante el resto de nuestras vidas, «la pérdida del amor [...] se convierte en un nuevo y mucho más duradero peligro y en ocasión para la angustia».[11] Y es que la pérdida del amor es un recordatorio de la pérdida primordial de un «objeto» muy privilegiado, la madre, que siguió a nuestro nacimiento, que hoy se concibe como la fuente de nuestra ansiedad primigenia. Por tanto, toda pérdida real o imaginada (la desaprobación de un familiar o un amigo que «nos tacha de su lista», la ira de un supervisor en el trabajo que nos amenaza con el desempleo, la misteriosa frialdad de un buen amigo) se convierte en una sombra de la pérdida primigenia; este mundo, en consonancia con la trágica visión de la existencia de Freud, no satisface ni satisfará nuestro deseo de un amor como el materno.

Así pues, la cantidad y la calidad del afecto de un progenitor hacia sus hijos puede ejercer un potente efecto sobre el nivel de ansiedad que esos hijos experimentarán más adelante en su vida. La ansiedad de los adultos puede ser una función del abandono en la infancia temprana (en cualquiera de sus formas) por los padres; cuanto más nieguen los padres el afecto o sean selectivos a la hora de concederlo, más ansiedad podrá sentir el hijo; por supuesto, el duelo por la pérdida de los padres sería la peor forma de abandono inductor de ansiedad (como parecía haberlo sido en mi caso). Si tus padres te proporcionan un entorno seguro, en el que no temes ni sufres la pérdida de su amor parental de maneras caprichosas o crueles, podrías estar protegido contra esta forma de ansiedad; de lo contrario, puede que no lo estés. Un progenitor con ansiedad puede ser menos cariñoso y atento justamente por estar tan absorto en sus angustias; las angustiosas señales que emite también pueden provocar ansiedad a sus hijos. Así pues, las pérdidas y privaciones de afecto en los primeros años de nuestra vida pueden infundir temores profundamente arraigados a la repetición de esas pérdidas en cualquier nueva forma. Que nuestra amiga no nos devuelva la llamada nos provoca tanta ansiedad porque el significado que atribuimos a ese fracaso de la amistad no es trivial; es un recordatorio de una pérdida terrible que sufrimos una vez y podríamos volver a sufrir.

Por tanto, después de viajar por sus diversas formulaciones, la visión madura y definitiva de la ansiedad de Freud era que esta hunde sus raíces en el más primordial de los acontecimientos humanos, nuestro nacimiento, y era desencadenada o reactivada por los sucesos mundanos de nuestra vida. Dado que el trauma del nacimiento es anunciado, como lo son las pérdidas posteriores, estamos destinados a experimentar ansiedad; esta es un espantoso sello distintivo de nuestra vida. Si cada «hallazgo», cada «descubrimiento» de una persona o un objeto, era un «reencuentro», un «redescubrimiento» de un objeto perdido, entonces cada pérdida, real o amenazada, era una nueva pérdida de un importante objeto libidinal perdido. Habida cuenta de que cada etapa del desarrollo estaba marcada y caracterizada por una pérdida peculiar y distintiva cuya repetición temíamos, y dado que el mundo estaba destinado a causarnos pérdidas, viviríamos nuestra vida con ansiedad, anticipando y respondiendo de manera desproporcionada a los miedos empíricos porque estábamos atormentados por el pasado.

El análisis freudiano de la «ansiedad por separación»

tenía un sentido obvio para mí; yo había perdido a mis padres; se habían marchado para siempre; si esa solidez podía arrebatarse, nada podía resultar tranquilizador. Yo estaba destinado a encontrar el mundo especialmente espantoso, porque cada pérdida (incluso algo tan trivial como perder un tren, suspender un examen o sufrir la retirada del afecto de una novia) era un recordatorio de una pérdida devastadora y aterradora. Yo no veía ni entendía ni interpretaba las pérdidas de este mundo como lo hacían otros; mi historia idiosincrásica hacía que el significado que yo atribuía a mis pérdidas fuese harto más oscuro. Ahora comprendía por qué siempre devolvía frenéticamente las llamadas de mis amigos y aceptaba todas sus invitaciones, incluso cuando me molestaba su aceptación selectiva de las mías; me asustaba demasiado la pérdida de su amor. Mis celos eran un profundo indicador de mi ansiedad; cualquier pérdida potencial del amor que creía disfrutar era una ocasión para una ansiedad nauseabunda y una ira paralizante. Mis orígenes de inmigrante no se podían subestimar. Había sufrido la pérdida de mucho de lo que me resultaba familiar y reconfortante (de hecho, una vida entera) cuando dejé mi hogar. Otras pérdidas serían siempre un recordatorio de esas separaciones traumáticas, de todo cuanto había perdido.

Las formulaciones teóricas de Freud, con su correspondiente interpretación especulativa de la fenomenología de nuestras experiencias angustiosas, nos piden que reconsideremos nuestra orientación psicológica hacia nuestras situaciones en el mundo social y material circundante. ¿Cuánto nos preocupa la condena por parte de la cultura, la sociedad y los amigos de la vida que vivimos y las decisiones que tomamos? ¿Hasta qué punto hemos aceptado y nos hemos reconciliado con la pérdida permanente de la seguridad y el cuidado parentales? ¿Cuán seguros nos sentimos en nuestras relaciones personales y profesionales? ¿Demandamos persistentemente el cuidado y el amor parental a nuestros amigos y amantes, un examen que están destinados a suspender? La relación entre ansiedad y culpa en Kierkegaard halla aquí una aguda resonancia: ¿nos sentimos angustiados o culpables? ¿Cuál es la diferencia para nosotros? ¿Qué exigencia o limitación somos (supuestamente) culpables de no satisfacer o cumplir?

El énfasis del psicoanálisis freudiano en los conflictos psíquicos internos, su reconocimiento del papel que desempeñan las civilizaciones y las culturas en la represión de nuestros instintos, y la importancia de la sexualidad (a menudo vigilada y reprimida) en su relación con las neurosis iluminan de manera crucial nuestra ansiedad. El análisis de Freud resulta útil, por ejemplo, a la hora de ayudarnos a entender una especie de ansiedad denominada «ansiedad social»; las personas tienen miedo de la desaprobación de los demás, de perder amigos y familiares si expresan sus necesidades o hablan sobre su dolor o alienación en una relación; el temor que sentimos cuando nos acercamos al precipicio de un conflicto personal es un recordatorio de que tememos el fin de una relación cuyos términos meramente estamos intentando negociar. El homosexual que tiene miedo de salir del armario no solo teme la desaprobación familiar y social, sino también la pérdida de sus amigos y familiares; la anticipación de esta pérdida puede estar provocando una ansiedad aguda, especialmente si es un eco de un suceso anterior que nos resultó traumático. Lo mismo es aplicable a la pérdida de un empleo, una amistad, un amante o incluso un compañero de trabajo cuya desaprobación se convierte en un sustituto de la desaprobación del superyó.

Por último, consideremos que se dice con frecuencia que los antidepresivos provocan la disminución del deseo sexual (una reducción de la libido en términos psicoanalíticos); semejante persona castrada está, por supuesto, liberada de la ansiedad del rendimiento sexual, de la ansiedad social de necesitar impresionar sexualmente a los demás o de perder parejas sexuales. ¿Funcionan entonces los antidepresivos porque nos hacen sentirnos menos angustiados (y deprimidos) por el fracaso sexual o por nuestra incapacidad de satisfacer los estándares sexuales de nuestra cultura? ¿Disminuye esa libido reducida nuestra exposición a la ansiedad por las «pérdidas sexuales» en las relaciones personales?

El énfasis de Freud en la relación entre nuestras formas de vida, nuestra civilización construida y nuestro mundo social nos conduce a los encuentros alienantes y deshumanizadores entre el yo y la sociedad como la causa de la ansiedad. Los existencialistas veían lo social como un refugio para la inautenticidad, y la ansiedad como el sello distintivo de nuestra libertad. La tradición materialista crítica considera que lo social es el creador de nuestra ansiedad al negarnos nuestra libertad: nuestro sentimiento de angustia no era el sentimiento de libertad; era el sentimiento de vivir la vida en un mundo construido en los términos de otros, algo que había convertido mi individualidad, mi vida elegida, en un mero medio para sus fines. (Por si te lo estabas preguntando, sí, existen importantes resonancias entre la tradición materialista crítica y las formulaciones de Nietzsche). La ansiedad que sentíamos era la de una criatura profundamente alienada que vive en una tierra extraña, sin ser la dueña ni la arquitecta de su destino, controlada, cuantificada y empujada de acá para allá por fuerzas producidas por el hombre. La cura de la ansiedad pasaba nada menos que por la decisión de vivir en un mundo construido de forma diferente, una tarea para la crítica y el activismo sociales y políticos. La mera teoría no ayudaba a comprender ni a mejorar nuestra ansiedad; se requería también la praxis.

LA ANSIEDAD Y LO SOCIAL

Siempre hemos sospechado que las disposiciones de este mundo y los comportamientos de otros humanos nos angustian, porque la historia humana y sus circunstancias conforman y moldean la consciencia humana (y viceversa, en una relación codeterminante). Nuestra ansiedad existencial o psicoanalítica fundamental debe hallar, pues, expresión y manifestación tangibles a través de las circunstancias materiales y las disposiciones culturales de nuestras vidas; las ansiedades resultantes que nos afligen variarán en función de las formas culturales en las que estamos integrados y de las historias socioeconómicas que nos preceden. En Estados Unidos, la tierra de la libertad y el hogar de los valientes, la nación más medicada y con más desigualdades económicas del mundo, proliferan la ansiedad y los temores financieros; en otros lugares acechan otros temores: políticos (guerra), sociales (disturbios civiles, persecuciones legales de las minorías) y geográficos (cambio climático). La ansiedad del europeo del siglo XVIII difería de la del asiático del siglo XX o el americano del XIX, ubicada como estaba en un espacio cultural y psíquico distinto. Si nuestras circunstancias sociales, políticas, económicas y morales son diferentes en el siglo XXI, deberíamos esperar descubrir que estamos angustiados de nuestra manera propia y distintiva. Cada era, cada edad, cada época genera sus propios miedos y angustias culturales distintivos, transmitidos por padres, amigos y profesores; por la música que suena en las fiestas y los coches; los mensajes de los anuncios y las vallas publicitarias; en los fragmentos de conversaciones que el niño oye a través de las puertas entreabiertas.

También cada cultura y cada tiempo producen sus propias formas de muerte y de «nada», su modo distintivo de eliminarnos de nuestro hogar imaginado dentro de ellos para alienarnos, para exacerbar nuestro aislamiento existencial; el sello más distintivo del hombre moderno es un desolado desahucio de sus antiguos hogares morales y espirituales. La «muerte de Dios» fue una alienación del consuelo y el bienestar espiritual, un encuentro angustiante con la impiedad y la pérdida de un *telos* cósmico y un orden moral; el modelo heliocéntrico copernicano fue un desgarro de las amarras celestiales imaginarias, una alienación de las cosmologías más seguras y más consoladoras; la revolución freudiana fue un profundo distanciamiento de uno mismo, una división de nosotros mismos en lo conocido y los desconocido. Siguiendo o acompañando estas revoluciones históricamente valorizadas, las numerosas revoluciones culturales, sociales y científico-técnicas de la modernidad trajeron consigo incertidumbres distintivas de esas eras, que condujeron a proclamaciones fervientes y sinceras de sucesivas eras de la ansiedad. Las transformaciones radicales de la revolución industrial y las agudas desigualdades de la Edad Moderna (exacerbadas por un colonialismo y un imperialismo voraces) incrementaron de manera espectacular la ansiedad en aquellas sociedades más profundamente afectadas por ellas; y conforme avanza la civilización, dejando atrás los escombros de las viejas formas sociales y culturales y ahora, gracias al cambio climático, nuestro mundo construido, la ansiedad parece estar aumentando de manera estrictamente monocorde. Un síntoma agudo de este sufrimiento incrementado en nuestro mundo contemporáneo es el aumento de los debates en torno a la natalidad, toda vez que nos preguntamos si deberíamos incluso procrear, esto es, cumplir nuestra función biológica primordial, en un mundo con un futuro tan incierto. Se trata de un agudo interrogante moral, no afrontado en sus dimensiones contemporáneas por aquellos que nos precedieron, puesto que ellos no vivían en un mundo estructurado como el nuestro y no sufrían nuestras ansiedades.

En el nuevo milenio también hemos sido informados de la «ansiedad masculina» de quienes se enfrentan en el trabajo y en casa a la presencia de mujeres empoderadas por los ideales feministas; la «ansiedad blanca» de quienes se enfrentan a un mundo racialmente ilustrado y a sus demandas de justicia social y reparaciones tangibles e intangibles; la «ansiedad económica» que respalda un vuelco hacia los regímenes populistas y autoritarios en Occidente y en Oriente. Estas ansiedades se basan en las incertidumbres que nosotros y nuestros conciudadanos experimentamos con respecto a nuestra posición y nuestras perspectivas sociales (nuestro estatus) ante la complejidad de nuestros sistemas económicos y financieros, y los rápidos e inquietantes cambios políticos y tecnológicos que inducen y sostienen. Estas ansiedades modernas son respaldadas por los temores al desplazamiento, al borrado, a la muerte espiritual y moral que aniquila las viejas formas de vida y relaciones de poder establecidas y tranquilizadoras para reemplazarlas por esas desconocidas y no especificadas, una nada resplandeciente en el corazón del futuro visible. El inmigrante arquetípico desplazado de una vieja casa y sometido a los desconcertantes cambios del nuevo mundo, a la pérdida de familias y amigos, sufre tasas elevadas de ansiedad, depresión y alcoholismo; ese es precisamente nuestro destino, porque, en un nivel profundo, todos somos inmigrantes, todos estamos desplazados, perdidos y desorientados incluso en climas previamente considerados familiares. Hemos perdido nuestros viejos hogares y luchamos por encontrar nuestro camino en este.

Este guiño superficial a las circunstancias históricas y materiales de la ansiedad sugiere, como en el caso de un teólogo existencialista como Tillich, que la ansiedad es evocada y florece cuando lo «normal» falla; resuena asimismo con la noción freudiana de que una ansiedad primigenia reaparece cuando se pierde la seguridad de la estructura parental protectora. Como sugería Tillich, cuando «las estructuras acostumbradas de significado, poder, creencia y orden se desintegran» nuestra ansiedad existencial encuentra nuevos ropajes y manifestaciones, pues las nuevas condiciones materiales resultantes conspiran para amplificar la ansiedad percibida y experimentada de una forma muy específica.[1] Tillich nos ofrece el agudo ejemplo de los Estados Unidos en la época de la Gran Depresión, una «sociedad altamente competitiva» cuyos individuos experimentaron la «pérdida de una base económica».[2] El daño de esos tiempos terribles no fue meramente financiero; el peaje mental que se cobró fue tan significativo que tanto las familias como los grupos sociales se desmoronaron, sometidos a las insoportables presiones de la pérdida de empleo, de dignidad y de los medios de subsistencia ante el avance de una futura extinción personal. (Este comentario debería resultar familiar a quienes soportaron la pandemia de la COVID-19 de 2020 a 2022).

El cuestionamiento y la reconfiguración de lo «normal» es, por supuesto, nuestra nueva normalidad; nos enfrentamos a una desconcertante variedad de estándares normativos,[3] a sistemas sociales y políticos variables en estatus y normas establecidas; ahora no tenemos asignadas nuestras posiciones en la vida, sino que más bien las elegimos libremente, una carga generadora de ansiedad que resulta familiar al existencialista. Nuestra interminable y continua estratificación de la sociedad (junto con sus posibilidades deseables de «movilidad social ascendente») engendra perennes quebraderos de cabeza acerca de nuestra idoneidad social y moral a medida que nos movemos entre

comunidades con diversos valores y nociones de significa-
tividad; no podemos evitar caer en comparaciones («el la-
drón de la alegría»)[4] odiosas y despiadadas, y nos preocupamos obsesivamente por la pérdida de estatus en caso de
perder nuestra posición económica.

Desde estas perspectivas, la ansiedad no parecerá
un encuentro con la autenticidad o la libertad; se anto-
jará un castigo, un revuelco en la miseria. De hecho, parecerá aquí una forma aguda de falta de libertad; de la
pérdida de posibilidad, de la presencia constante de la restricción, la limitación y el paso forzoso por avenidas
predeterminadas. Semejantes consideraciones podrían
hacernos cuestionarnos en su integridad la valorización
de la ansiedad como un sello distintivo de la libertad
por parte de los existencialistas; después de todo, ¿acaso una ansiedad semejante no nos hace sentirnos menos
libres y más limitados? Es decir, ¿no soy menos libre
cuanto más angustiado me siento, justamente porque
mi ansiedad me limita y me incapacita para actuar?
Cuando estoy angustiado, ¿no veo menos y experimen-
to menos en el mundo restringido que ahora ocupo?
Las personas ansiosas son temerosas y cautelosas, la an-
títesis misma de la libertad. Una persona con ansiedad
sufre porque hace su mundo más pequeño, no más
grande mediante la invocación de las posibilidades que
Kierkegaard valoriza. Y, por supuesto, dado que muchas personas ansiosas temen perder el control, ¿parece
deseable semejante libertad de elección y acción ilimita-
das? Una ansiedad tan penetrante puede hacernos «es-
capar de la libertad» para caer en los brazos de —esco-

ge tu veneno autoritario— el nazismo, el comunismo totalitario, el fascismo, las falsas democracias comprometidas con los jefes supremos de la economía, cualquier cosa que brinde seguridad contra la persistente, estremecedora y nauseabunda ansiedad resultante de un encuentro con lo novedoso y lo incierto.[5] Estas respuestas muestran que, si bien los existencialistas la conciben como un sello distintivo de nuestra libertad, la ansiedad no siempre se experimenta como tal. Pero también nos ayudan a entender por qué, como personas ansiosas, tratamos de ejercer control sobre nuestras vidas esforzándonos por mantener a raya nuestra libertad: nos regulamos frenéticamente a nosotros mismos, nuestras dietas, nuestras acciones, nuestros estados de ánimo, nuestros espacios y compromisos sociales.

Las consideraciones relativas a la historia, la materialidad y la cultura a la hora de comprender la ansiedad generan muchos interrogantes: si es un afecto humano básico y un sello distintivo de la consciencia humana, ¿por qué solo surge entonces como un problema explícitamente nombrado e identificado en el siglo XIX, permaneciendo implícito, en cambio, en la especulación filosófica precedente? ¿Por qué las «enfermedades mentales» y sus numerosos «trastornos de ansiedad» han aumentado en el siglo XX? ¿Diagnosticamos con más eficacia o diagnosticamos más para poder medicar más, empleando medicaciones fabricadas con fines lucrativos por las grandes compañías farmacéuticas? ¿Acaso antes de nombrar y denunciar la ansiedad le estábamos poniendo el nombre de algún otro estado de

ánimo o emoción, tal como requería la cultura de la
época? ¿Existe una materialidad en nuestros tiempos
que convierte la ansiedad en un problema que antes no
era? ¿Ha hallado nuestra cultura su propia nomenclatu-
ra para la ansiedad, nombrando nuevas aflicciones y vis-
tiendo con nuevos ropajes a un enemigo familiar?

El discurso sobre la ansiedad en los contextos modernos no puede ignorar nuestra inseguridad económica, de clase y de estatus; el difuso temor a caer en los
abismos insondables del desempleo, la disminución de
los ingresos y la futura penuria es característico de la
angustia moderna de las clases medias. Un singular logro moderno ha sido reemplazar la Gran Cadena del
Ser por la Gran Jerarquía de la Clase y el Estatus Social
y Económico; sabemos lo que nos aguardaría si trans-
grediésemos nuestras responsabilidades social y culturalmente definidas y exigidas de trabajo incesante,
acumulación material interminable e imperecedera
ambición de movilidad social. El descenso de clase es
nuestra nueva muerte, el hundimiento primigenio de la
ansiedad moderna. Si los traumas precedentes pueden
establecer modelos para las futuras recidivas de la ansiedad, pensemos entonces en el niño cuyos padres (y el
mundo «exterior») no cesan de repetirle que debe «hacer algo» con su vida, adquirir una «buena educación»
en el lugar «adecuado» y conseguir un «buen trabajo»,
¡o se va a enterar! La presión ejercida sobre el mucha-
cho para que tome las decisiones formativas correctas
es tremenda, pues de lo contrario le aguarda la muerte
distintiva de nuestra cultura. Nuestros hijos, por su

parte, observan el persistente espectáculo de sus padres angustiados por sus infortunios económicos; sus padres angustiados, saturados de trabajo, financieramente estresados, producidos por sociedades como la nuestra, no pueden no engendrar hijos angustiados. La observación social puede inducir ansiedad; lisa y llanamente, ver cómo se asusta la gente puede asustarnos; si nos hemos criado con padres angustiados y asustados, estamos destinados a estar igualmente afligidos. Hoy en día vivimos también en un mundo hiperconectado en el que todo puede verse, oírse y publicarse, en el que somos más autoconscientes y no siempre de una forma positiva. Estamos sometidos a una vigilancia más estrecha, nuestro futuro es controlado por combinaciones impersonales e impenetrables de hombre y máquina, incluso cuando sentimos que el mundo que hemos domesticado puede contraatacar en cualquier momento, como demostró tan dolorosamente la gran pandemia de la COVID-19 de 2020 a 2022.

Para cuando nos hacemos adultos, hemos visto encogerse a nuestros tutores, acobardados y aterrorizados por las fuerzas materiales de este mundo; hemos recibido advertencias de que podemos unirnos a ellos; y nos preguntamos cuál es la razón de ser de este mundo si sus soluciones culturalmente recomendadas generan desigualdad económica, cambio climático y enfermedades mentales rampantes. Si los grandes premios de nuestra civilización ascienden a largos desplazamientos, privación de tiempo con la familia y los amigos, confinamiento en espacios climatizados mientras vestimos ropas incómodas, jefes mandones que pueden contratar y despedir a su antojo, y tiempo de vacaciones imposible de disfrutar, ¿por qué no rechazar entonces todo esto, si no abiertamente, tal vez en nuestro fuero interno, con los hombros caídos, el alma abatida y el corazón angustiado? ¿Quizá podríamos limitarnos a volver a hundirnos en nuestro sofá al final de una jornada agotadora dedicada a construir y sostener la fortuna y el poder de otros, y entregarnos al tabaco, el alcohol y las drogas?

Nuestros supuestos agentes de salvación, la ciencia y la tecnología, han sido de poca ayuda a la hora de mitigar nuestras ansiedades, toda vez que las modernas transformaciones tecnológicas trastocan las antiguas formas de organización social y política sin acabar con las viejas formas de poder ni de desigualdad y, en cambio, nos precipitan hacia el cambio climático, las pandemias misteriosas y la disfunción política. Los siglos XX y XXI nos han traído una burda liquidación del sueño científico convirtiéndolo en una pesadilla: nuestros mayores avances tornan inhabitable la frondosa Tierra, mientras permanecemos paralizados por nuestras comodidades técnicas, renuentes a renunciar a los venenos que nos están matando e incapaces de hacerlo. En cuanto a la medicina, incluso cuando nos promete liberarnos de las aterradoras aflicciones de antaño, descubrimos con frecuencia que sus soluciones son demasiado caras para la mayoría de nosotros. La gran pandemia del coronavirus de 2020-2022 fue un recordatorio de que las fuerzas civilizatorias no habían hecho más seguro el mundo; antes bien, habíamos desatado sobre nosotros mismos fuerzas más letales. Las vacunas de la COVID-19 fabricadas en un tiempo récord fueron una salvación científica, un triunfo de la medicina moderna y su aparato tecnológico, pero el desastre de la pandemia era obra del hombre. La disfunción política visible en Estados Unidos en sus respuestas de salud pública a la pandemia fue un recordatorio de que podemos dominar la naturaleza, pero el dominio de la naturaleza humana continúa siendo un perpetuo desafío.

La crisis resultante del cinismo respecto de las tecnologías modernas y, de hecho, de la propia ciencia, nuestra supuesta salvación, crea una nueva era de la ansiedad. Estos temores a nuestro progreso técnico no son nuevos, como podría decirnos cualquiera que haya vivido la Guerra Fría y participado de los febriles productos culturales de esa época; sencillamente han hallado una expresión distintiva en esta era. Hemos tomado consciencia de monstruos aún mayores que merodean entre nosotros, a veces humanos, y de su capacidad de aprovechar las fuerzas naturales y técnicas para desatar la destrucción; se nos ha hecho saber que somos cada vez más engranajes en una gigantesca máquina industrial y financiera poseída y controlada por unos pocos individuos sin rostro y sin nombre, que nuestros hijos están creciendo en un mundo destinado a la perdición si no cambiamos nuestros modos de vida.

Ciertas variantes de estos temores siempre han acechado en el psiquismo humano, aun cuando sus nuevas formas hallen expresión en nuestros cuerpos y nuestras mentes. Hoy en día hablamos más sobre la ansiedad; intercambia-

mos notas sobre nuestras experiencias angustiosas; somos
más autoconscientes de ella. Hemos nombrado muchos de
nuestros antiguos temores y hemos visto nacer otros nuevos. Con la promesa de nuestra cultura financiarizada y
tecnologizada de convertirnos en *Das Man* convive asimismo la promesa de convertirnos en la nada de nuestra sociedad: los sintecho, los enfermos mentales, los encarcelados,
los socialmente marginados y condenados. Hemos sido
forzados a observar a estos «desechos» desde el día en que
nacimos, obligados a investigar los destinos que nos aguardan si insistimos en la no conformidad con los ordenamientos y las demandas de nuestra sociedad. Nuestros
grandes desastres anunciados están tendidos en nuestras
aceras: los sintecho, los enfermos, los indigentes, los abandonados; nuestras cárceles están llenas de transgresores
sociales. Sabemos que, si hubiesen ganado suficiente dinero, si hubiesen nacido en la familia o la raza adecuada, se
habrían salvado de este destino. Nuestras sociedades, al
insistir en un orden social atomizado que arroja a los individuos en brazos de la fortuna en nombre de la libertad
individual, al tiempo que construyen estructuras sociales y
económicas que constriñen nuestro ejercicio efectivo de
dicha libertad, amenazan con entregarnos a la vida «desa-
gradable, brutal y corta».[6] Nuestro mayor temor es la pau-
perización económica, ya que sabemos que de esa eventualidad dimanan todos los desastres de nuestros tiempos:
la miseria de nuestros hijos, una enfermedad intratable, la
muerte prematura. Ese es nuestro mayor miedo: nuestra mayor ansiedad. Durante la pandemia de COVID-19,
mientras escribía este libro, esa ansiedad se concretó en un

miedo tangible. No nos sentíamos libres entonces; nos sentíamos oprimidos, acosados, marginados. ¿Cómo vamos a decirle a la persona angustiada de nuestros tiempos que la ansiedad que siente es el sello distintivo de la auténtica libertad moral y metafísica? ¿Deberíamos decirle tal cosa?

Herbert Marcuse, un cáustico teórico crítico, original y radical profesor de filosofía y miembro prominente de la Escuela de Fráncfort de teoría crítica, criticó con dureza el existencialismo, y en particular *El ser y la nada* de Sartre, por sostener que la ansiedad y la falta de sentido, que eran los rasgos distintivos del mundo capitalista moderno y sus sociedades estratificadas, eran la naturaleza misma de la existencia. Así pues, Marcuse sugería que el existencialismo «plantea la hipótesis de que las condiciones históricas específicas de la existencia humana son características ontológicas y metafísicas».[7] Esto es, el existencialismo toma rasgos contingentes de la existencia humana, creados por fuerzas terrenales, humanas y profanas, y afirma que son características inalterables de la existencia humana. Este error filosófico, consistente en la confusión de lo creado por el ser humano con lo dado, excusa el papel del hombre en la creación de las aflicciones que lo atormentan, una maniobra que niega la existencia de un espacio para la conciencia política, que reemplaza por la especulación ociosa acerca de una libertad metafísica que no encuentra asidero alguno en este mundo creado por el hombre.[8] Por consiguiente, el existencialismo, lejos de ser una filosofía radicalmente liberadora, podría ser el ardid del gran infiltrado.

Como recalcaba Marcuse, el existencialismo, tal como lo presenta Sartre, es «una moral que enseña a los hombres a abandonar todos los sueños y esfuerzos utópicos y a organizarse en el suelo firme de la realidad».[9] Por tanto, Marcuse sugiere que el existencialismo es un fatalismo curioso e irresponsable, una aceptación de la absurdidad de este mundo, que no es un rasgo ontológico del mundo, sino un desarrollo histórico contingente, resultante de las acciones y elecciones del ser humano. Nuestra ansiedad existencial debería ser un acicate para la investigación, la crítica política y el activismo, no una aceptación quiescente de nuestra incomodidad material como una característica de la existencia.

Con el fin de entender la fuerza de la crítica de Marcuse, imaginemos a una persona ansiosa de clase media a la que se le dice que su ansiedad es «ontológica», un signo de su libertad que no puede vislumbrar en sus limitadas perspectivas laborales y económicas, ya que está exprimida por los préstamos hipotecarios, las tasas de matrícula universitaria y las exorbitantes facturas médicas. Esto no la tranquilizará cuando considere el destino de sus hijos en el campo de batalla del mercado, la competencia encarnizada de las admisiones en las universidades prestigiosas o el despiadado mundo de los catastróficos desastres financieros y biológicos que parecen característicos del siglo XXI. Estos miedos nos acechaban cuando la COVID-19 azotaba nuestras tierras. Sembraron en nuestra mente el más americano de los temores: la muerte en una acera, los cadáveres pisoteados por los indiferentes transeúntes, el tratamiento médico reducido y negado por falta de un seguro, los desahucios, los niños forzados a prostituirse, reducidos a la drogadicción y la muerte prematura, enviados a prisión por delitos de desesperación. En este mundo, la elección de la que hablaban los existencialistas resulta irrisoria; en lugar de ella, queremos, necesitamos y demandamos seguridad y predictibilidad.

Marcuse sospecha que el hecho de que nos digan que deberíamos considerar la ansiedad incurable y un camino dorado hacia el autodescubrimiento es una invitación a aceptar el mundo tal cual es, una invitación a la quiescencia política y moral. A los poderosos les convendría saber que aquellos a quienes han inculcado la ansiedad y el temor mediante sus disposiciones políticas y sociales se conforman con regodearse en su ansiedad y no adoptar ninguna medida para reformar las condiciones materiales que la han generado. Pero ¿cómo puede mi ansiedad ser exclusivamente mía cuando soy un animal indefectiblemente social, un producto de la sociedad y sus fuerzas sociales siempre operativas? ¿Puede mitigarse mi ansiedad sin que cambie también el mundo que me rodea? ¿Revela el privilegio liberal burgués el hecho de estar hablando de alimentar nuestra ansiedad cuando la mayoría de las personas están trabajando en empleos sin futuro, una fuente perenne de ansiedad para ellos y sus familias? La acción política y el activismo, más que la contemplación y la meditación solitarias, son el antídoto adecuado para la ansiedad en este mundo.

Por consiguiente, Marcuse se resiste a «esta proclamación de la absoluta libertad del hombre», puesto que «el alcance y el contenido de su libertad y el rango de su "elección"» se halla, en cambio, «determinado por su situación sociohistórica específica».[10] Así pues, «la libertad [del hombre] es limitada y su elección está prescrita hasta tal punto que su interpretación en los términos existencialistas se antoja una mera burla».[11] La elección y la libertad de las que hablan los existencialistas, las que valorizan los libertarios cuando sugieren que un trabajador despedido es libre para buscar otro empleador, negociar otro contrato o mudarse a otro estado para buscar un nuevo empleo: todo esto parece una broma cruel para el trabajador maniatado que se encuentra exhausto, marginado y angustiado. Marcuse sugiere, en cambio, que nuestra libertad está siempre condicionada, determinada por las estructuras sociales y los momentos históricos que nos envuelven y nos revelan nuestras opciones. Una opción que no es visible no es una opción, y aunque podamos ser capaces de señalar opciones teóricas, necesitamos también otras realistas que sean sensibles a nuestras habilidades y capacidades, así como a nuestra situación social.

En lugar de ello, en nuestro mundo moderno, hasta nuestros sistemas de pensamiento supuestamente liberadores generan y sostienen la ansiedad. Por ejemplo, obsérvese cómo el libertarismo (supuestamente una filosofía política de la libertad y la emancipación del control gubernamental, al insistir en nuestro derecho y, en realidad, en nuestra necesidad de hacer elecciones en todos los ámbitos de interés humano, incluso en aquellos en los que podríamos desear contar con un consenso social de bienes y valores públicos) crea ansiedad. Las interminables búsquedas de un seguro médico de entre un «menú de opciones» de deducibles, copagos, redes de proveedores y demás no es sino el último e irrisorio daño autoinfligido en este ámbito; en lugar de ser capaces de contar con la asistencia sanitaria cuando estamos enfermos, con independencia de nuestra situación laboral, nuestra clase o nuestra edad, nos vemos obligados a hacer búsquedas interminables en momentos de mala salud, empujados una y otra vez a zonas de ansiedad decisional. ¿Es este el espacio en el que esperamos que florezca la libertad?

Cabría preguntar entonces si las medicaciones psicotrópicas que estamos prescribiendo y consumiendo tan frenéticamente para la profusión de trastornos que hemos nombrado y diagnosticado están tratando los trastornos que declaramos haber aislado o más bien la condición social y cultural particular en la que nos encontramos, mitigando sus efectos para hacerlos más soportables. Entendidos de esta manera, nuestros numerosos ansiolíticos se asemejarían más a nuestros viejos amigos el alcohol y el cannabis, con los que intentamos con entusiasmo relajarnos cuando el día toca a su fin. ¿O es la medicación psiquiátrica como el Prozac, como sugirió en cierta ocasión el psiquiatra Peter Kramer, una mera forma de «farmacología cosmética»,[12] que repara esas partes de nosotros que están desencajadas del resto del mundo? Quizá mi ansiedad sea como una nariz respingona que necesita algún recorte para encajar mejor en las demandas estéticas del mundo social y cultural en el que habito. Los teóricos críticos como Marcuse sugerirían que nos estamos medicando porque estamos alienados y dejados a la deriva por el capitalismo; lo que se necesitaría, en cambio, es una reordenación de la sociedad, un cambio en sus valores y perspectivas, que ha de lograrse mediante el activismo, la legislación y el discurso, no con el consumo de medicamentos. Como señalaba Marcuse en *El hombre unidimensional*, si pudiéramos «procurar el cuidado de los enfermos, los inválidos y los viejos», entonces haríamos «cuantificable [...] la posible reducción de la ansiedad, la posible liberación del temor».[13] Quizá los poderes fácticos prefieran, como una solución social para la «enfermedad mental», la medicación a la meditación o a la mediación, porque una ciudadanía medicada puede ser una ciudadanía dócil y autosatisfecha, que se contenta con cambiar de canal o de pestaña del navegador en sus estados de sedación.

En el siglo XIX, las teorías marxistas ofrecieron el diagnóstico de una aguda aflicción psicológica en respuesta a los males de la sociedad industrial capitalista que se habían vuelto visibles en los años que siguieron a la revolución industrial: alienación. En sus *Manuscritos económico-filosóficos* (1844), Karl Marx hacía hincapié en la *alienación del trabajo* gracias a la existencia continuada del hombre en un sistema capitalista que mercantiliza las relaciones, lo cual priva al trabajador de una conexión significativa con los productos o con el valor de la obra que produce. En su lugar, privado en todos los sentidos de la propiedad de su obra o su trabajo, o del tiempo para comunicarse con sus compañeros de trabajo, el trabajador «se empobrece más cuanta más riqueza produce»[14] porque «el trabajador se relaciona con el producto de su trabajo como con un objeto extraño».[15] Los medios de producción (la fábrica, las máquinas y, hoy en día, los servidores de archivos y los discos duros) no son propiedad del trabajador, quien carece del control significativo sobre las condiciones y los términos de su trabajo; no puede fijar el precio de su trabajo ni participar en los beneficios del producto vendido. Puede que no vivamos en la Inglaterra decimonónica en rápido proceso de industrialización, cuyas condiciones inspiraron la polémica pluma de Marx, pero deberíamos tener en cuenta que el trabajador moderno ha ido perdiendo de manera progresiva protecciones laborales y sindicales junto con la paridad salarial y está sujeto a mayores niveles de precariedad que nunca, un hecho constatado con una fuerza brutal y potencialmente mortal por los trabajadores «esenciales» del mundo en 2020-2022.

La consecuencia de semejantes estados desempoderados para el trabajador (tanto de cuello azul como de cuello blanco, cualificado o no cualificado) es que «cuanto más se entrega al trabajo el trabajador, más poderoso se vuelve el mundo de los objetos».[16] El hecho de que el «mundo de los objetos» se vuelva «más poderoso» conlleva una correspondiente deshumanización del trabajador. Gracias a esta alienación del trabajador, los propios productos que fabrica existen «independientemente» y «se oponen a él como [...] una fuerza extraña y hostil».[17] Una vez alienado de su trabajo y de los productos de su trabajo, el hombre procede a una alienación de sí mismo, de sus semejantes y de la naturaleza, porque su actividad libre y consciente se ha vuelto misteriosamente alienada. Paradójicamente, cuanto más duro trabaja el trabajador, más extraño hace este mundo para él mismo y, como el agente de su propio desahucio, más se queda sin hogar.

Resulta crucial aquí la resonancia entre lo «inhóspito» de Heidegger y la «alienación» de Marx: gracias a la forma que hemos elegido de organizar el mundo del trabajo y el comercio, el mundo se ha vuelto extraño para nosotros. Lo que hace especialmente inhóspito nuestro mundo construido es que está amueblado con objetos que nosotros mismos hemos construido mediante nuestro propio trabajo e ingenio. En la concepción marxista de la alienación, incluso *Das Man* de Heidegger está alienado, ya que también él se halla fuera del mundo de los significados construidos por aquellos que ejercen el poder económico sobre él. Si se supone que el mundo de los artefactos es nuestra firma en la existencia, está escrita con una letra que no reconocemos como propia.

El análisis de Marx genera dos observaciones relevantes para comprender el mundo inhóspito en el que vivimos. En primer lugar, el mundo de los artefactos, el entorno construido, aunque hecho por los humanos, está imbuido de una fuerza extraña y hostil. Aquí, los alienados sufrimos el aislamiento interpersonal, intrapersonal y existencial, cada uno de los cuales produce su propia modalidad distintiva de ansiedad, que dimana de la constatación de nuestro aislamiento dentro de nuestros espacios sociales. Nos encontramos solos, separados y desamparados, abandonados en medio de las depredaciones de un mundo omnipotente y malévolo, incapaces de comprender su funcionamiento. En nuestra época contemporánea, dos fuerzas implacables e insensibles gobiernan nuestras vidas: las finanzas y la tecnología, los soportes de este mundo moderno, ambos incomprensibles e incontrolables para nosotros. Nos movemos por este mundo a través de una tierra extraña: su funcionamiento permanece oculto para nosotros y no podemos preguntar nada más, porque todo está patentado y oculto a nuestras miradas curiosas mediante una combinación de mecanismos legales y acuerdo social.

En segundo lugar, *estamos alienados respecto de la vida misma* (nuestros horarios de trabajo nos dejan poco tiempo para forjar o mantener relaciones con amigos y familiares, que también están mercantilizados, reducidos a sus particularidades económicas) y, por ende, estamos alienados respecto de nuestros congéneres humanos y de nosotros mismos. La paradoja característica de la vida urbana moderna es el sentimiento de aislamiento en una ciudad repleta de gente; nadie tiene tiempo para el sexo, la comida de calidad ni los entretenimientos, que quedan reservados para el disfrute de los turistas durante sus vacaciones; el mero hecho de quedar con un amigo implica una larga serie de citas para encontrar un «buen momento» para «tomar un café». Estamos a la deriva y desorientados, arrojados a un mundo de desconocidos y cosas extrañas que no pueden prestarnos ninguna atención ni darnos ningún afecto; estas extrañas entidades pueden convertirse en fuentes de amenazas y peligros para nuestro bienestar psíquico y material. Trabajamos sin parar y, al final, nuestras despedidas solemnes de este mundo están marcadas por las lamentaciones en el lecho de muerte de que desearíamos haber pasado más tiempo con nuestros seres queridos, y nos arrepentimos de nuestra seducción por este mundo alienante y brutal y nuestra implicación en él.

Por consiguiente, nuestro trabajo alienado resulta en nuestra alienación con respecto a la vida, a nosotros mismos y a nuestros congéneres humanos. ¿Cómo se siente esa alienación? Como ansiedad, porque lo es. Cuando «el hombre está alienado respecto de otros hombres»,[18] percibimos a los demás como extraños, su comportamiento nos resulta incomprensible, envuelto en el misterio; encontramos a nuestros congéneres humanos inaccesibles, preocupados por evaluar su alienación respecto de los demás. La alienación respecto de nuestro propio cuerpo y de la naturaleza exterior exacerba este sentimiento; nos sentimos desvinculados de los cuerpos que nos alojan y sostienen, de los pensamientos que albergamos, de los detalles más básicos de las relaciones personales. El humano alienado siente un vacío que intenta mitigar mediante el consumo incesante de las ofertas materiales de este mundo. Este consumo, como podría habernos dicho el Buda, no hace precisamente nada para abordar nuestra alienación de raíz, puesto que la acumulación incesante de bienes materiales, el sello distintivo del éxito en nuestra sociedad, no puede sino engendrar ansiedad, ya que estos bienes transitorios ofrecen testimonio solamente de la desaparición de todas las cosas.

Nuestra alienación de nosotros mismos y de la sociedad es una enfermedad grave; es un distanciamiento fundamental, una separación de uno mismo, de la naturaleza, del trabajo, de los productos de nuestro trabajo, de las circunstancias materiales más físicamente inmediatas de nuestras vidas; es un desgarro espiritual que nos convierte en exiliados en esta nuestra casa, rodeados por aquellos a quienes anteriormente considerábamos familiares y amigos. Estamos en esta realidad física y empírica que podemos percibir, sentir, ver, tocar y oler, pero no formamos parte de ella; nos encontramos en lo «inhóspito» de Heidegger, rodeados por la extrañeza. Nuestra consciencia de esta extrañeza manufacturada, construida y sostenida por los económicamente poderosos es nuestra nueva ansiedad. Esta alienación, esta separación, nos obliga a depositar la confianza y la obediencia en «nuevos ídolos» que no tienen por qué ser divinos; lo nacional y lo financiero nos atraen con sus promesas de seguridad, poder y liberación, y con sus exigencias de lealtad.

Como hemos visto, existencialistas como Kierkegaard, el último Sartre, Tillich y, por supuesto, Nietzsche reconocen, en efecto, aunque en grados variables, la determinación del hombre por su situación sociohistórica. Y nuestra época moderna tiene nuevos motivos para la ansiedad: el auge del fascismo, el cambio climático, el colapso medioambiental, la desigualdad económica, todo ello exacerbado por un sistema de redes sociales que aspira a vendernos como productos a los anunciantes que les pagan. Estas nuevas preocupaciones confieren nuevas formas a nuestra ansiedad primigenia y conectan con nuestras preocupaciones existenciales de maneras que las convierten en señales de la ansiedad de esta era. Si antes nos sentíamos inseguros, lo estamos cada vez más, bombardeados con elecciones y manipulados por los algoritmos de datos. Nuestros hijos son las presas de aquellos que los ven como consumidores para sus productos. Como confirmará cualquiera que haya tenido que dejar las redes sociales en busca de una «desintoxicación» o una «limpieza digital», cuanto más tiempo pasamos con nuestros salvadores tecnológicos, más necesitamos ser rescatados: nos descubrimos perpetuamente envidiosos, insatisfechos con las vidas que vivimos, ansiosos, indecisos e inseguros con respecto a las elecciones que hemos hecho, sufriendo profundas angustias de culpa y condenación, padeciendo un hastío espantoso que es el producto inevitable del tiempo prolongado que pasamos en internet. Nuestra disonancia cognitiva acerca de nuestras decisiones se ve aumentada y exacerbada por las decisiones ajenas, ahora visibles de modo que podamos criticarlas y hagan que nos arrepintamos de las nuestras.

Vivir con ansiedad en un mundo semejante es una

tarea considerablemente más desafiante que su mera confrontación: requiere una reconfiguración fundamental de las formas en las que hemos elegido organizar nuestras sociedades, una tarea asumida con considerable entusiasmo por los políticamente activos, que encuentran que esa praxis puede liberarlos del temor mientras actúan. Y, sin embargo, pese a este activismo, hemos de aprender a practicar la introspección, a analizar con más profundidad nuestras angustias y nuestros miedos concretos para ver qué más puede acechar en nuestro interior. Aun cuando participemos en el activismo social y político para cambiar nuestro destino, no tenemos garantizado el éxito; debemos continuar viviendo en la incertidumbre, la duda y el conocimiento parcial. Además, la concepción materialista de la ansiedad no entra en conflicto con la centralidad de la ansiedad ante la muerte o los miedos a la nada en los tratamientos existencialistas, porque nuestras angustias económicas tocan fondo invariablemente en esas dos formas; cuando tememos la pérdida de ingresos, estamos temiendo nuestra incapacidad de soportar los ultrajes de este mundo sin la protección de nuestra armadura monetaria. Nuestras preocupaciones filosóficas pueden desestimarse con una invocación de las «realidades económicas»: «No estaríamos tan ansiosos si todos tuviésemos unos ingresos dignos, viviendas asequibles y atención sanitaria». Pero incluso aquellos que viven en hogares confortables, tienen un buen seguro de salud que hace asequibles los psiquiatras que cobran 250 dólares por sesión y envían a sus hijos a las universidades de la Ivy League sufren terriblemente de ansiedad. Como bien sabía el Buda, incluso si todas las ganancias materiales estuviesen aseguradas, no nos libraríamos de la ansiedad existencial, aun cuando hubiéramos hecho más significativas nuestras vidas al convertir este mundo en un lugar mejor para nuestros hijos y les hubiésemos proporcionado de ese modo los mejores modelos y ejemplos para ayudarles a vivir con sus propias ansiedades distintivas.

Para combatir y afrontar la ansiedad se requiere aceptación, activismo y contemplación, una aguda combinación de lo que podría ser la receta más conveniente para vivir con ella.

VIVIR CON ANSIEDAD

La ansiedad nos muestra que la vida es una cascada (finita) de situaciones temibles: somos lanzados a la deriva en un mar, en una fuerte tormenta, pero nos vemos arrastrados hasta un barco que debe llegar a tierra, donde encontramos los terrores de animales hostiles, que pueden ser dominados, solo para descubrir un galeón hostil lleno de piratas sanguinarios que se nos echan encima. Tenemos miedo y nos sentimos amenazados; hallamos alivio y contamos con que habrá nuevos temores; esta es nuestra situación en la vida, en la que la ansiedad es nuestra compañera incondicional e ineludible. Conscientes de ello, estamos a mitad de camino hacia la vida con la ansiedad: hemos de avanzar hacia ella. Este es un punto crucial de resonancia con los fundamentos de la terapia cognitivo-conductual y la terapia de aceptación y compromiso, modernas técnicas psicoterapéuticas que enfatizan la exposición continua y sostenida a nuestros peores temores como la senda preferida para aprender a vivir con la ansiedad. Además, una vez que aceptamos que es inevitable, podemos pasar menos tiempo combatiéndola y limitarnos a esperar que nos inunde la ola; su propia familiaridad puede ser el mejor antídoto. Podemos agravar el sufrimiento de la existencia, «la primera flecha», con la ansiedad por la ansiedad, la «segunda flecha»; pero nuestra carga original es más que suficiente. Entender que siempre tendremos ansiedad supone asimismo dar cabida a la compasión y la empatía por nuestros congéneres humanos; deberíamos ser compasivos en especial ante las angustias inmunes a las circunstancias de la vida: en el ámbito de lo existencial, los más ricos y poderosos del mundo sufren igual que nosotros; los problemas materiales de sus vidas se ven mitigados por su poder y su riqueza, que no pueden, sin embargo, aliviarlos de los temores a la nada, la muerte, el dolor por la pérdida de los seres queridos, los terrores relativos al destino de sus hijos, sus preocupaciones acerca de las decisiones «incorrectas». La suerte de esas personas supuestamente más afortunadas que nosotros debería tranquilizarnos también respecto de nuestras raciones asignadas de fortuna.

Al reconocer y aceptar como inevitable la ansiedad y vivir con ella, nos acercamos un poco a la comprensión de quiénes y qué somos. Si estamos dispuestos a sentarnos con nuestra ansiedad, podemos descubrir que esta refleja las decisiones más importantes de nuestra vida, nuestros compromisos y valores más personales y profundos, los puntos de inflexión en los que los estados de ánimo incipientes cristalizan en temores concretos y se identifican con ellos. La ansiedad, tal como nos informa el psicoanálisis, es un mensaje que nos envían los múltiples fragmentos que nos mantienen unidos; deberíamos escuchar, y quizá resolver, lo que nuestros yos a menudo conflictivos tienen que decirse unos a otros. Si nos descubrimos perseverando en una tarea pese a la ansiedad acompañante, habremos aprendido una importante lección acerca de la valoración y la importancia de dicha tarea en nuestras jerarquías psíquicas. Y si la ansiedad es una forma de conocimiento, entonces nos permite hacer algo, conseguir algo; puede hacernos escribir sobre nuestras angustias, o abordar una relación inestable, o trabajar para «mejorarnos» o «perfeccionarnos» en cualesquiera dimensiones en las que detectemos carencias, tanto morales como intelectuales. Por supuesto, no deberíamos esperar que nuestras ansiedades sigan siendo las mismas mientras nosotros y nuestras vidas cambiamos; si prestamos mucha atención a su naturaleza y a su aspecto y a cómo las sentimos, podremos rastrear los cambios en nosotros mismos y en nuestra «tabla de valores». La ansiedad no es singular; las ansiedades individuales conforman la dotación completa de un paciente. Una ansiedad puede ser un conjunto distintivo empaquetado para su aplicación a una situación particular de tiempo, lugar, circunstancia y connotación. Nuestro autoconocimiento requiere con frecuencia el conocimiento de nuestras angustias (individuales y distintivas) y de cómo cambian y se transforman a medida que lo hacemos nosotros, encerrados en una suerte de danza compasiva.

Como parte de esta navegación, necesitamos aprender a reconocer los desencadenantes culturales e ideológicos de nuestras angustias, para cobrar consciencia del daño causado a nuestro ser por la interiorización de la propaganda familiar, social y cultural de la «vida feliz» o las admoniciones inductoras de culpa para vivirla.[1] Los tiempos de nuestras vidas son rarezas, con suerte parceladas con ingenio y esmero en nuestros compromisos morales, familiares e intelectuales, pero la presión cultural sobre este tiempo para que rindamos es inmensa; cada segundo debe cumplir los parámetros evaluativos ideológicamente modulados para la eficiencia y el consumo. Crece la presión para lograr el día perfecto (durante las vacaciones, en el trabajo, durante el tiempo libre, a lo largo de la semana); vemos con mucha claridad (en las redes sociales) cómo nuestras vidas no llegan a la altura de las supuestamente ideales que viven nuestros amigos. Un terror crece y se encona en nuestro interior, atormentado hasta la médula por una culpa persistente: mi vida no será la «mejor» (ni siquiera digna de ser vivida); mi trabajo no será el más satisfactorio; mi tiempo de ocio no será el más gratificante; mis hijos no serán los más precoces. Nuestro fracaso existencial está anunciado porque estas angustias ligadas a la culpa, el significado y el propósito abarrotan nuestra mente. Nuestra vida ha de conseguir un cierto número de aprobaciones y respaldos (digitales) para asegurarnos que hemos tomado las decisiones correctas. La ansiedad es nuestra respuesta al mítico requisito, el mandamiento prohibido, de hecho, de que debemos vivir conforme a los estándares normativos elaborados para nosotros, de que esta vida y todos sus placeres podrían ser nuestros si hiciésemos lo «más esencial», «lo mejor», y no dejásemos pasar lo «esencial» o lo «imprescindible». Buscamos instrucciones sobre lo que debemos hacer; y si no hacemos las cosas a la manera que nos indican las guías (los textos religiosos o morales, o los folletos corporativos), entonces nos habremos perdido la vida correcta, las magníficas vistas que otros han organizado y tendido para nosotros como atracciones. Hay alguna porción adecuada, alguna vista correcta o preferible de este panorama existencial, que debemos esmerarnos en obtener. Se nos recuerda constantemente que el peor pecado de todos es no haber vivido «la vida correcta»; que estamos desperdiciando nuestras vidas si no permitimos que la estética de la utilización eficiente guíe cada uno de nuestros pasos, cada una de nuestras incursiones. Tenemos talentos; disponemos de un tiempo limitado; todo es posible; todo podría ser nuestro: bastaría con que viviésemos de la manera correcta. Conocemos los contrapuntos de estas opresivas panaceas, pero no somos capaces de interiorizarlos; la conformidad y la ideología nos doblegan. Tenemos demasiadas guías para los perplejos; quizá deberíamos ser más recelosos, como Nietzsche nos instaba a ser, de las instrucciones morales y los planes de vida que nos inculcan una «mala conciencia», cargándonos con una visión de la vida angustiosa y azotada por la culpa; ¿deberíamos tal vez albergar la incertidumbre y las posibilidades de la vida no vivida?

Ni que decir tiene que las normas culturalmente arraigadas nos prometen un camino hacia la felicidad: la educación adecuada, el trabajo adecuado y la gratificación material, el romance con la pareja adecuada, la crianza de hijos que cumplan con los estándares sociales de éxito y logro, y suma y sigue. Cuando nos percatamos de que esos caminos condicionales no funcionan, de que el peso normativo otorgado a las prescripciones para la vida no se corresponde con la satisfacción real que se alcanza con ellas, desarrollamos una relación anómica con este mundo, una aguda insatisfacción existencial con las disposiciones y los imperativos de este mundo y la vida que estos nos imponen. Nuestra propia directriz consiste en aceptar que no existe ninguna solución requerida, ninguna senda correcta, y conformarnos con una pluralidad de perspectivas y «soluciones vitales».[2] El gran filósofo chino Zhuangzi, a través de su deslumbrante y a menudo disparatada poesía filosófica, nos exhorta a mantener justamente esa distancia irónica con respecto a las demandas de este mundo; hemos de aprender a practicar una suerte de compromiso distante con el enmarañamiento que nos ofrece este mundo. Nuestra humanidad reside en la brecha entre nuestro sentido de quiénes somos y nuestro sentido de quiénes creemos que podríamos ser; un matiz distintivo y una característica de este juego de la vida es la ansiedad por si nos descarriaremos en nuestro viaje a través de la brecha. Una aproximación pluralista a la vida puede convencernos de que no existía ningún camino en el que perderse, aparte del que hacíamos con nuestros propios pasos, porque incluso si alcanzamos logros cultural y socialmente recomendados, y conquistamos los hitos prescritos, la ansiedad establece su residencia en nuestro ser. Nuestro éxito no nos protege contra ella; nos proporciona meramente una perspectiva diferente para experimentarla. Puede resultar útil contrastar la ansiedad de los «exitosos» con la de quienes siguen esforzándose o de los «fracasados», pero, al fin y a la postre, sigue siendo ansiedad.

Lo que llamamos «problemas vitales» son, por supuesto, manifestaciones de ansiedad aguda. Encontramos ansiedad existencial dondequiera que se producen acontecimientos vitales de mayor o menor calado (en realidad, tal como nos promete la sensibilidad existencialista, no hay ni puede haber tal cosa como una decisión «menor»): cambios de especialidades universitarias, divorcios, mudanzas al otro lado del país, cambios de empleo, vacunaciones, elecciones de carreras, vocaciones o caminos vitales... Estas decisiones son invitaciones a la ansiedad; nos obligan a comprometernos, a aceptar las decisiones finales que excluyen otras opciones, caminos y escapatorias;[3] nos fuerzan a lidiar con el sentido trágico de la vida, a tener en cuenta que, con mucha frecuencia, nos enfrentaremos a dilemas que nos obligarán a elegir de manera irrevocable entre dos valores igualmente atesorados. Esto es especialmente cierto en el caso de los dilemas morales que, cuando se plantean como rompecabezas, podrían hacernos pensar que hay una respuesta correcta que aguarda a ser descubierta o calculada por nosotros. Por desgracia, no existe tal cosa; nos equivocaremos en algo y quedaremos atrapados en un rincón trágico plagado de ansiedad.[4] Por consiguiente, nada resulta tan aterrador como una bifurcación en el camino: en ambas direcciones reside el miedo a lo desconocido, la ansiedad de la disonancia cognitiva, del arrepentimiento.

Así pues, nuestros dilemas vitales, de los que existe un suministro interminable, nos tientan, nos atrapan con sus posibilidades temibles y extáticas. Como el perplejo y temeroso asno de Buridán,[5] vacilamos interminablemente entre los polos de las opciones, regodeándonos en la inmovilidad, en los temores no cristalizados. El «jardín de senderos que se bifurcan» de Jorge Luis Borges[6] es un auténtico bosque de ansiedad, ya que nos confronta con una profusión de elecciones, cada una de ellas particularmente visible y comprensible; existen aquí excesivas posibilidades que nos inducen una parálisis de la libertad, en especial cuando sentimos que nos falta orientación, cuando sentimos que no podemos proceder sin un mapa de cada sendero que se bifurca. Dado que el futuro jamás cesa de ser un jardín semejante, nuestra ansiedad no puede terminar nunca; incluso cuando nos dirijamos hacia nuestro lecho de muerte, tendremos que seguir tomando decisiones, o bien nosotros mismos, o bien nuestros seres queridos: ¿esta medicación o esa otra? ¿Continuar o suspender el tratamiento? ¿Calidad de vida o cantidad de vida? ¿Deberíamos gastar el dinero en este costoso tratamiento o no? ¿A quiénes favoreceré en mi testamento? ¿A quiénes excomulgaré cuando muera, para dejar claro mi descontento con ellos al partir hacia el olvido?

A modo de ilustración de la centralidad de la ansiedad en los «problemas vitales» entendidos de manera convencional, consideremos la supuesta «crisis de la mediana edad», una ansiedad aguda relativa al significado y a la responsabilidad visible en las preguntas que plantea, que resuena con la taxonomía de angustias propuesta por Tillich:[7] ¿es esto todo lo que hay? ¿He hecho «lo suficiente» con mi vida? ¿He vivido la vida «correcta»? He tomado tales y cuales decisiones; mira el punto crítico al que me han llevado; ¿por qué no tomé otras? El tiempo se agota; ¿cuáles de mis deseos debo satisfacer? La crisis de la mediana edad es, en el fondo, una especie de ansiedad respecto de la vida vivida y no vivida hasta ahora, y de la vida aún por vivir. Las recetas para resolverla son soluciones para la ansiedad: deberíamos implicarnos en continuos actos de creación y contemplación, en proyectos «atélicos» e interminables, sin ninguna meta definida ni punto final, tales como tocar la guitarra, frente a aprender a tocar la guitarra para actuar en el Carnegie Hall; deberíamos dedicarnos a causas sociales y de mayor alcance, cuyos periodos de resolución excedan nuestro tiempo de vida; deberíamos permitir que floreciese nuestra creatividad mediante nuestra implicación en el mundo en general; deberíamos contraer un compromiso sincero en nuestras relaciones con familiares y amigos, atesorando el tiempo que pasamos con ellos, reconociéndolo como *el bien existencial por excelencia cuya presencia en nuestras vidas deberíamos esforzarnos por maximizar*; deberíamos ser buenos ejemplos, incluso frente a nuestros temores, para aquellos a quienes amamos, de cómo vivir y morir.[8] Si la vida es «un viaje con destinos», sentimos

ansiedad por la «llegada», por «los destinos equivoca-
dos», por «la incapacidad para completar los viajes»,
por «perdernos al tomar la bifurcación equivocada»;
pero si hay «solamente viaje hacia delante», podemos
arrellanarnos, plenamente conscientes de que tras la siguiente curva pueden aguardarnos terrores todavía no
imaginados. La vida basada en proyectos o listas de tareas pendientes, como podría haber advertido el Buda,
se caracteriza por indicadores para los fracasos; la incapacidad de lograr un proyecto es causa de pesar, culpa
y autoflagelación, en tanto que el éxito al alcanzarlo es
meramente una ocasión para el hastío, la duda y la inquieta búsqueda de otro nuevo proyecto,[9] y para la ansiedad que surge de la culpa por el estado todavía incompleto de la lista.

¿Puedo «curarme» a mí mismo de mi ansiedad sin
«perderme»? Esta pregunta aparentemente absurda
captura el sentimiento instintivo que tenemos de que
somos unas complejas estructuras físicas, conceptuales y afectivas; un cuerpo, un conjunto de creencias, un
complejo de emociones interrelacionadas; cambia tu
ansiedad y te cambiarás a ti mismo; no puedes cambiar
una cosa sin cambiar todo lo demás, porque yo soy
«dueño» de mi ansiedad, como parte de mi propia personalidad distintiva y de mi «estilo»;[10] ella anima cada
uno de mis pasos, cada una de mis decisiones. Las personas que toman medicación psiquiátrica descubren
con frecuencia que «han desaparecido» ciertas «par-

tes» de su personalidad, lo que las torna irreconocibles para sus amigos y a veces para ellas mismas; esa arma de doble filo puede no ser aceptable para todos.[11] Esta ansiedad, la que me ha llevado a dedicarme a la filosofía y a practicar senderismo y escalada, la que me ha hecho reordenar mi vida desde que nació mi querida hija, desde que decidí contraer el compromiso de una relación para toda la vida con su madre: sin ella, no me reconocería a mí mismo. Mi ansiedad representa mi existencia en este mundo, un aspecto distintivo y singular; mi ansiedad es lo que hace de mi «estar-en-el-mundo» aquello que singularmente es.

Pero si la angustia y la ansiedad son una parte de la existencia y si jamás podemos librarnos de ellas, ¿por qué no ser entonces clementes y usar simplemente la medicación psiquiátrica para terminar con el dolor? ¿Qué se pierde en la prescripción de medicación para la ansiedad y otros trastornos psicológicos? El más antiguo argumento en contra de la medicación es que al tomarla se impide el abordaje de cualesquiera problemas que estén causando la ansiedad, que bloquea la propia introspección promocionada en estas páginas. Ahora bien, la sugerencia de que deberíamos «relajarnos y capear nuestra ansiedad» puede antojarse ofensiva y mal encauzada, no suficientemente sensible al sufrimiento experimentado por quienes sí toman los medicamentos o consideran sus ataques de ansiedad las experiencias más aterradoras de sus vidas. Yo no deseo trivializar el agudo sufrimiento de quienes padecen trastornos psicológicos de ansiedad, idealizarla, convertirme en un

poeta suyo, ofreciendo descripciones líricas de dolorosas patologías desde una segura atalaya. No obstante,
incluso aquellos que buscan medicación y hallan alivio
necesitarán reflexionar sobre la ansiedad existencial
que permanecerá y continuará apuntalando los temores que crearán los pasajes de la vida. La ansiedad *es* la
más plebeya de todas las cosas, el espíritu viviente de lo
que supone ser humano. Deberíamos tratarla y vivir con
ella en consecuencia.

A veces, la medicación psiquiátrica podría ser necesaria para hacer manejable el trabajo con la ansiedad; en
ocasiones la medicación puede permitirnos abordar los
«problemas psicológicos» que han adquirido ahora una
definición y un contorno más claros. Ahora bien, todavía no he oído a nadie decir que la medicación lo *curó* de
su ansiedad, pese a volverla más soportable haciéndolo
incluso «funcional», aunque sin un «alto rendimiento».
Un ansiolítico es «efectivo» si quienes lo toman no quedan incapacitados y pueden realizar esas tareas esenciales (personales o profesionales) que requieren su atención y su trabajo. Se han reintegrado en su familia y en
la sociedad, y vuelven a ser funcionales.

Esta misma funcionalidad de los individuos medicados engendra sospechas, por supuesto, de que los ansiolíticos y su prescripción excesiva forman parte de una
ideología de «volver al trabajo» indiferente a la crisis
existencial genuina del trabajador, el padre, el hijo, el
adulto joven que se esfuerzan por encontrar su camino
en un mundo confuso y desorientado. Esas personas
medicadas no están libres de ansiedad: no dejarán de

preocuparse por su muerte o la de sus seres queridos ni de temer lo desconocido, que puede ocultar toda suerte de aterradores infortunios. No se librarán de su dosis del sufrimiento que surge en respuesta al hecho mismo de la existencia, al triplete existencial de la existencia en el tiempo, la finitud y la autoconsciencia; y, por ende, al mundo artificial que hemos erigido. Su ansiedad ha pasado de ser patológica a ser la «cuota» habitual que se asigna a todo ser humano. Seguimos necesitando la introspección filosófica que nos ayude a comprender por qué los ansiolíticos pueden haber funcionado en ciertos casos biológicamente inducidos y no en otros, y por qué no pueden ir más allá en otros distintos. Más en concreto, el mero hecho de que podamos alterar nuestra estructura biológica de pensamiento no implica que se haya perdido el *significado* de nuestros pensamientos. Necesitamos todavía que la reflexión filosófica nos ayude a comprender y a vivir con la cantidad de ansiedad que nos envían esos pensamientos.

La medicación psiquiátrica también tiene sus costes:[12] sus gastos prohibitivos; sus numerosos efectos secundarios desconcertantes y a menudo aterradores; los difíciles traumas del constante cambio de medicamentos visibles en aquellos pacientes con medicación psiquiátrica que parecen estar ajustando continuamente sus dosis y combinaciones y quejándose de que sus efectos desaparecen; los variados efectos a largo plazo, que siguen siendo poco conocidos y estudiados, y los agudos problemas de la retirada. El propio consumo de medicación psiquiátrica induce una variante de respuestas ansiosas, sensibles a sus promesas: ¿está funcionando mi medicación? ¿Por qué no me siento mejor de forma instantánea? ¿Por qué ha disminuido la eficacia de mi medicación? ¿No tengo ninguna esperanza ahora que esta mágica poción química no ha funcionado? ¿Seré capaz alguna vez de dejar de tomar medicación y ser una persona normal? ¿He de mantener en secreto mi medicación ante quienes me conocen y me quieren? ¿Me considerarán débil por tomar esa medicación? (Las etapas de la vida que experimentamos marcan una diferencia en la ansiedad que experimentamos y los remedios que buscamos en respuesta; la anticipación por parte del adolescente de la vida que le aguarda supone una diferencia significativa en esta experiencia, al igual que la ansiedad del adulto de mediana edad por la vida vivida y por el dolor y el sufrimiento de los años que aún le quedan por vivir. Este último podría considerar más atractiva una medicación de supuesto «alivio rápido», pero, como demuestra la crisis de salud mental de los adolescentes en Estados Unidos, no siempre es este el caso).

Tal como están las cosas, la prescripción excesiva de medicación en nuestra cultura ha transformado la definición misma del «trastorno de ansiedad»; hoy se describe como «la aflicción para la cual se prescriben ansiolíticos». Cualquiera que sea la relación de las estructuras bioquímicas con la salud y la enfermedad mental, es más complicada y deja un espacio considerablemente más amplio para las intervenciones cognitivas y la comprensión psicosocial del que permiten nuestras actuales tendencias psiquiátricas y medicalizadas. Como mínimo, las decisiones acerca de si medicar o no nuestra ansiedad deberían ser más matizadas de lo que lo son en nuestra cultura. La prominencia intelectual y académica de los modelos materialistas de la mente, que sostienen nociones medicalizadas de la salud mental dependiente de la rápida intervención farmacéutica; nuestra vergüenza y ansiedad social recurrente cuando nos enfrentamos a los «problemas psicológicos» de las personas a las que queremos y que nos importan; el posicionamiento y afianzamiento cultural de la psiquiatría farmacológica; nuestras preocupaciones apremiantes por engrasar las ruedas de la industria con una fuerza laboral disponible, eficiente y productiva: estos factores garantizan que la medicación psiquiátrica sea nuestra respuesta social y cultural más inmediata a la ansiedad. Muchos ansiolíticos son también potenciadores de la productividad; estudiantes de costosas universidades privadas, abogados corporativos, banqueros de inversiones, académicos en busca de la titularidad, agentes de bolsa: todos ellos «se atiborran de medicamentos para el TDAH» para las noches en vela dedicadas a conseguir esas preciosas notas, cumplir plazos onerosos, mantener los registros informáticos y los torniquetes zumbando. Pero sentimos que nuestros familiares, amigos e hijos están sobremedicados, que las presiones de nuestra cultura y sus aprietos económicos nos dejan poco tiempo para la autocomprensión mientras corremos del trabajo a la familia, al cuidado de los hijos, a la cita médica; estamos lejos de vivir la vida examinada y no dejamos de descubrir que nuestras ansiedades fundamentales existenciales, morales y espirituales permanecen intactas. (En un campo relacionado, la nueva «revolución psicodélica», tanto en el ámbito psiquiátrico como en el cultural, se alimenta de una creciente toma de consciencia del potencial de la psicodelia para dejar que sus usuarios se liberen de las soluciones médicas y materiales culturalmente impuestas a los problemas de salud mental).

Es importante señalar que, si nuestros deseos inducen culpa, y por tanto nos provocan ansiedad, porque están prohibidos por nuestra sociedad, nuestra familia o nuestro lugar de trabajo, entonces medicar nuestra ansiedad es una forma de hacernos renunciar a esos deseos y buscar, en cambio, la respetabilidad; cuando nos vemos forzados a reprimir nuestros deseos y disimular constantemente para no ser descubiertos, nos hacemos candidatos a la ansiedad. Estos deseos no son exclusivamente sexuales; también pueden ser indicios de que no queremos estar sujetos a demandas normativas preestablecidas sobre nuestras vidas: el antiguo miembro autoexiliado de un grupo religioso o el desertor corporativo están actuando en función de un deseo fundamental semejante. El rechazo de la ansiedad, el deseo de no sentirla, puede ser revelador de una respuesta profundamente sentida, quizá más ansiosa aún; medicar la ansiedad puede indicar una resistencia que Freud sugeriría que está respaldada por el temor a descubrir quiénes somos, qué deseos abrigamos, qué rencores guardamos, qué culpas nos atormentan. Destruir ídolos nunca es fácil.

Por consiguiente, el examen detenido de nuestras

angustias puede revelarse política y moralmente problemático; puede ser inquietante y disruptivo para nuestras relaciones sociales y personales. Podemos llegar a descubrir que nuestra cultura y sus anuncios de la «buena vida» nos han dañado; que nuestras disposiciones sociales nos oprimen y nos alienan, tornando vacías y agobiadas nuestras vidas personales; que nuestra política nacional y global está saturada de una retórica malévola y una violencia real; que llevamos demasiado tiempo procesando traumas personales por nosotros mismos bajo las presiones de una masculinidad tóxica o una feminidad circunscrita; que hemos librado ataques brutalmente autodestructivos de autocrítica y odio en respuesta a las exigencias que el mundo nos impone; que vivimos en tierras en las que son demasiados los sintecho y los enfermos mentales convertidos en desechos que pueblan nuestros espacios urbanos. La medicación puede anestesiarnos ante estas espantosas revelaciones, impidiendo que sintamos un temor y la ira resultante que tiene una considerable valencia política y moral. Nuestros estados medicados podrían ser precisamente los necesarios para mantenernos quietos y dóciles, y preservar la estabilidad de nuestras disposiciones sociales y políticas y sus concomitantes relaciones de poder de dominación y subyugación. La reflexión sobre nuestra ansiedad puede ser el camino hacia el autoconocimiento y la comprensión de la relación que el mundo y sus disposiciones tienen con nosotros. Por consiguiente, puede ser una fuerza disruptiva en términos sociales, morales y culturales. Los efectos narcotizantes, distrac-

tores y adormecedores de nuestros entretenimientos y
responsabilidades sociales nos ofrecen desde hace tiempo mecanismos de defensa contra las corrosivas angustias de sus miembros. Pero una ansiedad reprimida se
expresa como neurosis; nuestras sociedades pueden estar engendrando neurosis al no permitir que sus miembros experimenten y comprendan su ansiedad.

Tal vez no debamos hacer desaparecer la ansiedad a
base de medicación, precisamente porque ella nos permite el autodescubrimiento, la reconceptualización y la
autoconstrucción, o nos brinda oportunidades para el
activismo transformador del mundo. (El filósofo francés
Blaise Pascal advirtió hace mucho tiempo que los individuos empleaban «distracciones» para evitar «pensar en
sí mismos»).[13] Ahora bien, ¿qué sucede con la ansiedad
patológica, con el denominando trastorno de ansiedad generalizada, los ataques de pánico que incapacitan físicamente a los individuos, que dejan a muchos impedidos y
apenas funcionales? ¿Dónde cabe trazar la frontera entre esas especies de ansiedad y los tipos que he intentado
describir e interpretar? Desde las perspectivas presenta-
das en las páginas precedentes (budistas, existencialistas
o materialistas), nuestras diversas angustias material-
mente influenciadas son nuestras reacciones inadapta-
das a las preocupaciones existenciales por la muerte, la
nada, la falta de sentido y el absurdo; *nuestras disposiciones materiales exacerban nuestro sufrimiento existencial
preexistente.* Desde una perspectiva filosófica semejante, nuestras psicopatologías distintivas resultan de las
interacciones de los mecanismos de defensa conscientes

e inconscientes, que hemos desarrollado para que nos ayuden a protegernos contra el triplete de angustias existenciales fundamentales que Paul Tillich resume con tanta elocuencia.[14] Así pues, la ansiedad existencial descrita en las páginas anteriores puede respaldar complejos trastornos psicológicos, cuyas manifestaciones vienen determinadas por la fisiología individual y las historias psicosociales; deberíamos considerar la posibilidad, pregonada por psicoterapeutas, filósofos y teólogos existencialistas, de que la ansiedad existencial, el *dukkha* y la ansiedad ante la muerte sean el fundamento, la base de todos los trastornos y fobias relacionados con la ansiedad. Por tanto, la medicación puede ser necesaria y deseable cuando nuestras angustias mundanas se vuelven neuróticas e incapacitantes (una distinción presente incluso en un filósofo existencialista como Kierkegaard), pero es una «creencia ilógica» que la salud mental consista en estar libres de ansiedad.[15] Al menos persistirá una especie de angustia; y, como nos aseguran las teorías freudianas y materialistas de la angustia, también otras, a menos que transformemos radicalmente el mundo y nuestras sociedades.

El Buda consideraba que el supuesto yo eterno, inmortal e inmutable era un fardo dinámico de percepciones, pensamientos e imágenes siempre cambiantes; pero también somos un fardo de angustias. Al examinarlas (para ver qué nos irrita y qué nos da ansiedad) llegamos a saber quiénes somos. La ansiedad es un recordatorio de que nuestro yo es más difuso y turbulento de lo que podríamos imaginar, de que hay que integrar más fragmentos que se arremolinan en nuestro interior. Si nuestro mundo «no se puede comprender con independencia de la reacción emocional a través de la cual se revela la naturaleza del mundo»,[16] entonces el mundo en el que vivimos está matizado por nuestra ansiedad; *aprender a vivir con ella supone transformar la naturaleza del mundo en el que habitamos.*

Yo soy una persona ansiosa; respondo con ansiedad a las ofrendas de este mundo. Soy mejor persona por mi conocimiento de este estado de cosas; al aprender acerca de mis angustias, he obtenido un agudo autoconocimiento de mi vida, mis pasiones, mis compromisos, mis temores más profundos. Al escribir sobre la ansiedad, pues, *debo* permitirme recurrir a la autobiografía. Por ejemplo, no es de extrañar que experimentase una ansiedad visceral mientras escribía este libro. Asocio la ansiedad con la escritura y la escritura con la ansiedad; informa mi nervioso regreso a mi escritorio, mi apresurado alejamiento de este, la persistente búsqueda de distracción en internet o en otros lugares, la procrastinación llena de pánico en la producción de un borrador legible, mi persistente insatisfacción con lo que escribo, mi implacable autocastigo e inseguridad por las palabras que pongo en el papel. Pero la ansiedad respecto de lo que escribo me informa de que la escritura es valiosa para mí, de que fracasar aquí significa para mí fracasar por doquier. Sin mi propia y peculiar ansiedad, no sería el escritor que soy; no sería el padre, el marido, el amigo, el profesor, el escalador, el terapeuta filosófico que soy.

Así pues, la carga psíquica de la ansiedad puede ser compensada por las ganancias en autoconocimiento que proporciona. Experimentar la ansiedad es experimentar nuestro yo social en ciernes, con las responsabilidades culturales y morales que lo acompañan. Cuando experimentamos y resolvemos la disonancia producida por la ansiedad que provoca bifurcaciones decisorias de elecciones y renuncias, el conflicto y el autoexamen resultantes pueden ser asimismo poderosos generadores de ese conocimiento. De este modo, la convivencia con la fenomenología y la experiencia sentida de la ansiedad, el regodeo consciente en esta y su inspección, pueden permitirnos una investigación del yo; la ansiedad, como sostenía Kierkegaard, es una «escuela» para el yo; y semejantes escenarios de aprendizaje son con frecuencia los del examen, los de la brutal puesta a prueba de nuestros límites. Gracias a mis angustias, he llegado a comprender por qué soy el filósofo que soy, por qué defiendo las ideas que defiendo, por qué no confío en que exista en la vida un significado o propósito inherente y esencial, una verdad definitiva que aguarde a ser descubierta. Mi ansiedad, una emoción y un sentimiento, se halla íntimamente relacionada con un conocimiento adquirido con esfuerzo acerca de la naturaleza eternamente cambiante de este mundo, que a menudo entra en conflicto con planes, intenciones, apegos o relaciones humanos. ¿Por qué privilegiar alguna inferencia supuestamente lógica sobre ello? Las inferencias y las comprensiones son impulsadas por las nuevas informaciones recibidas, las nuevas creencias formadas, las nuevas inferencias realizadas; podemos descubrirnos forzados hacia la conclusión de una secuencia de pensamientos por la ansiedad, que nos empuja a avanzar hasta afrontar la verdad de aquello que nos angustiaba.

Mis ansiedades me dicen que todavía soy capaz de sentir; me brindan un punzante recordatorio de que estoy vivo y receptivo, y sí, angustiado. Mis ansiedades relativas a mi familia, mi mujer, mi hija, me informan de que me he dejado envolver en sus yos; me informan de la risibilidad de la afirmación de que somos seres aislados cuyas fronteras terminan en la punta de nuestros dedos, en la superficie de nuestra piel; me informan de lo que es mi yo. De ese modo, la ansiedad me informa de quién soy yo.

La filosofía ofrece una expresión de nuestras angustias más profundas; está atrapada en los más arduos interrogantes, entre los que figuran los que más nos angustian porque, al formularlos, planteamos las limitaciones humanas de su insolubilidad. Si halláramos respuestas a estas preguntas, no podríamos ser humanos; seríamos seres de otra especie, pues nuestros dilemas existenciales actuales definen nuestra condición humana. *No sentir ansiedad sería inhumano*, ya que lo sabríamos todo, no habríamos sufrido pérdidas cuya repetición temeríamos, ninguna eventualidad final que apuntase a la nada, ninguna falta de tiempo para hacer elecciones, retractarnos de ellas, revisar nuestros compromisos y efectuar correcciones y tener segundas oportunidades. Sin ser conscientes de estas condiciones metafísicas, seguimos afligidos por la ansiedad. Así pues, filosofar es una actividad a la que nos dedicamos a perpetuidad, justamente porque siempre nos estamos recuperando de nuestra incurable dolencia existencial, buscando no ya curas, sino más bien estrategias de afrontamiento para aliviar la ansiedad mediante la distracción, mediante la doctrina, mediante la introspección y el autoexamen, mediante la inmersión en el amor y las actividades creadoras de sentido.

No es de extrañar que las antiguas tradiciones filosóficas contemplativas, tanto orientales como occidentales, nos propongan un par de ejercicios espirituales comunes a todas las prescripciones subsiguientemente ofrecidas para la ansiedad.[17] La primera es «el tema de la atención al instante presente»,[18] puesto que «solo el presente es nuestra felicidad».[19] La sabiduría de este mandato salta a la vista: nos ordena apartarnos de las consecuencias no especificadas y de la incertidumbre del futuro para afrontar el momento actual, un antídoto contra la ansiedad en la medida en que permanecemos indiferentes a lo desconocido y lo incognoscible. La semejanza de este mandato espiritual con la sugerencia de que ocupemos nuestro tiempo en este mundo con proyectos atélicos debería resultar inmediatamente evidente. La implementación concreta del «estar en el momento» pasa por las prácticas comprometidas de meditación y mindfulness o atención plena, por un compromiso diario con la observación del silencio y la contemplación de nuestro mundo interior, con el fin de aprender a no identificarnos con nuestras emociones y a convertirnos, en cambio, en observadores y conocedores de ellas para poder gestionarlas mejor (la psicología empírica designa esto como «consciencia metacognitiva»).[20] Esta es una tarea que requiere una disciplina y un compromiso no triviales en el desarrollo y el mantenimiento de un ritual para la meditación, o en los esfuerzos para lograr un «estado de flujo» en el trabajo y en el juego, mediante actividades meditativas como correr, hacer senderismo o escalada, tocar música, crear arte o entregarse a actos voluntarios de caridad, cada una de las cuales alienta una mirada hacia el exterior «despojada del yo», alejada de nuestras habituales obsesiones egoístas y egocéntricas con la recompensa, el reproche, el autoengrandecimiento y la culpa. Cuando meditamos, permitiéndonos un estudio en primera persona de nuestra consciencia, logramos sentir nuestras angustias y ansiedades; estas se precipitan en los espacios mentales que dejamos abiertos, recordándonos todo lo que puede salir terriblemente mal; nos inundan, casi haciéndonos saltar de nuestras posturas meditativas. Pero también ahí, mientras meditamos, podemos inspeccionar la naturaleza de la bestia; que esta consiste en una serie de pensamientos que podemos inspeccionar y dejar marchar. Como sugería el Buda, meditar, ser consciente, es comprender cómo funciona nuestra mente y cómo crea el mundo psíquico que habitamos. Hacerlo supone trabajar para llegar a ser amos y no rehenes de nuestra mente.

El segundo ejercicio espiritual nos pide que continuemos trabajando, mediante el estudio y la introspección, para adquirir una visión del mundo «desde arriba», ascender «desde la individualidad y particularidad hasta la universalidad y la objetividad».[21] Nos gusta referirnos a esto en términos coloquiales como «captar el panorama general». Yo me tomo este consejo al pie de la letra, pues busco montañas, vistas y perspectivas desde las que el mundo parece pequeño y yo insignificante, y donde cobro consciencia de los eones de tiempo que han pasado y pasarán una vez que haya muerto; este encuentro con la eternidad resulta tranquilizador, ya que me permite distanciarme de mis habituales preocupaciones egocéntricas. En términos más generales, al dirigir nuestra atención hacia otro lugar, hacia la contemplación de la belleza, hacia proyectos ajenos, podemos «salir de nuestro yo», dejar de concentrarnos en nuestra obsesión con nosotros mismos. De hecho, cuanto más nos centramos en una causa o un objeto externo, menos nos preocupamos por nosotros mismos; se trata de un virtuoso olvido de uno mismo para dirigir la mirada hacia algo distinto de nosotros y quedar tan fascinados por su particularidad y su belleza resultante que nuestras preocupaciones se desvanecen. Desde esas privilegiadas atalayas, adquirimos asimismo una comprensión de la relación entre nuestra vida y el resto de los diversos ensamblajes y estructuras humanos y sociales que nos envuelven, nos sostienen y a veces nos oprimen. Desde esta perspectiva elevada a la par que arraigada, podemos advertir que no estamos aislados en nuestras islas de infelicidad y ansiedad, una forma aguda de consolación que genera tanto compasión como empatía. Es importante asimismo nuestra capacidad de apreciar que la vida tiene otros frutos, además de los de la felicidad, el éxito y los estados libres de preocupaciones, a saber: la complejidad, la dificultad y los desafíos. Aquí también podemos prestar atención a la relación que guarda nuestra ansiedad con otras partes de nosotros mismos; al igual que el artista puede descubrir que su creatividad dimana de su dolorosa sensibilidad a las ofrendas de este mundo, podemos llegar a percatarnos de la indispensabilidad de nuestros estados de ansiedad para esos estados que consideramos «productivos», «creativos», «emocionalmente sensibles» o, los mejores de todos, «afectuosos». (Sirva de ejemplo la ansiedad incurable a la par que amorosa de una madre por el destino de sus hijos). Esta atención distintiva, más agudamente visible en esa gran literatura y filosofía que se dirige a los detalles por las verdades universales que transmiten, nos recuerda que la ansiedad es universal aun cuando la nuestra propia sea distintiva. Prestar «atención al presente y elevarse a una visión objetiva»[22] puede así, mediante el autoconocimiento y el cultivo de la empatía, traer consigo un dominio de la «ansiedad individual»,[23] especialmente si el presente mismo es angustioso. Esta perspectiva elevada sugiere que nuestras vidas son continuos trabajos en curso, sin ninguna indicación de que estemos incompletos o inacabados; este pensamiento atélico es un antídoto contra la ansiedad, ya que renunciamos a ella y el temor a la meta normativamente establecida y no alcanzada. Al comprender la naturaleza del ser en continuo devenir, como sugiere el Buda, no esperamos lo que este no puede dar; no desdeñamos sus bendiciones ni arrastramos una visión de la vida empobrecida y engañosa, construida a partir de las ideologías a las que hemos sido instruidos para consagrar nuestras lealtades.

Los diferentes enfoques filosóficos nos instan a prestar atención a diversos aspectos de nosotros mismos para vivir con la ansiedad. Los enfoques budistas nos impulsan a adoptar formas de salir de nuestro yo para desarrollar una compasión universal que ponga en aguda perspectiva nuestras desgracias y nos permita hacer de este mundo un lugar mejor para todos; nos urge a un afrontamiento y una elaboración incesantes y disciplinados de nuestros peores temores; nos exhorta a convertirnos en perspicaces estudiosos de nuestra propia mente, a conjugar las emociones con el pensamiento razonado. Kierkegaard, Nietzsche y Freud nos hacen reflexionar sobre las normas sociales y morales que han generado culpa, vergüenza y represión interiorizada (al pretender emular a Kierkegaard y a Nietzsche nos arriesgamos a la pérdida de prestigio y estatus social, un precio que podemos estar dispuestos a pagar) y a inspeccionarlas críticamente; Tillich y Heidegger nos inducen a un reconocimiento cabal y franco de la base de nuestros temores, el terror animal a la muerte que apuntala cada uno de nuestros momentos de vigilia; Marcuse y Marx nos hacen mirar con recelo la forma en la que hemos construido nuestro mundo y sus disposiciones materiales. Estos se relacionan entre sí: nuestras sospechas relativas a la culpa que nos inducen las exigencias normativas y morales del mundo pueden llevarnos a responder con la energía del activista y una autoconsciencia desafiante que nos ayude a vivir con nuestra ansiedad existencial. Mi respuesta personal a estas guías filosóficas ha consistido en ser consciente de sus intuiciones fundamentales, regresar reiteradamente a sus textos y continuar integrando sus afirmaciones en mi concepción de mí mismo. El franco reconocimiento de la centralidad de la ansiedad por la muerte en los pasajes de mi vida me ha ayudado a aceptar que esta será mi compañera permanente, aun cuando me sienta social y moralmente envalentonado por el desafío exhibido por Kierkegaard y Nietzsche, y empoderado por las mordaces críticas que ofrece la tradición materialista. Me he entregado a este mundo y sus demandas, y me he liberado de ellos, un ejercicio de equilibrio que continuaré practicando hasta el día de mi muerte.

Con demasiada frecuencia nos resistimos a nuestras ansiedades existenciales fundamentales insistiendo en la fantasía paliativa del Rey Atento.[24] En las antiguas leyendas, los reyes recorrían las ciudades para inspeccionar a sus habitantes con el fin de calibrar su felicidad con su gobierno; mientras cabalgaban por las calles de su capital, a través de la multitud de sus súbditos, solían detenerse y llamar a alguien de la muchedumbre a quien habían decidido reconocer y recompensar; al afortunado se le invitaba a subir a la carroza del rey, para acompañarlo hasta el palacio real, donde su antigua vida se transformaría para mejor. Estamos convencidos de que nosotros somos los afortunados; hemos sido escogidos de entre la multitud; pronto, el gesto de la mano del Rey Atento nos convocará al palacio real. Escaparemos misteriosamente del destino inevitable de los seres humanos. Este mito reconfortante resulta insostenible frente a las limitaciones de la existencia. Abandonar tan simplistas consolaciones de liberación (ya mediante rescatadores terrenales, ya por la intervención divina) es nuestra responsabilidad y compromiso existencial principal, incluso si ello conlleva afrontar la ansiedad debida a la realidad de la muerte o a la inevitabilidad del infortunio terrenal. La respuesta existencialista a la ansiedad de nuestra situación existencial es el compromiso con el mundo, un «salto de fe» a los brazos de un Dios que nos espera o las tareas del mundo que requieren implicación y compromiso; como el activismo para transformar las circunstancias materiales de este mundo, esas que aumentan la escalofriante posibilidad de que no seamos capaces de cobijarnos bajo un techo, procurarnos la próxima comida o vestir nuestro cuerpo desnudo. Una consciencia de nuestros deberes obligatorios o supererogatorios para con los otros, desconocidos, ciudadanos y amigos, para con nuestros seres queridos, debería ser toda la motivación necesaria para que entremos en acción y hagamos retroceder la ansiedad del absurdo; el significado no nos será dado, por lo que hemos de crearlo con nuestros actos y compromisos. ¿Qué mejor ámbito para el ejercicio de nuestra libertad metafísica que el de la acción política y personal para cumplir con nuestros deberes, para transformar nuestras circunstancias materiales y el tenor de nuestras relaciones?

Con mucha frecuencia, podemos sentir ansiedad porque carecemos de los consuelos del amor romántico o familiar; el amor promete una feliz unión, un alivio del terror, un lugar en este mundo, consuelo cuando se acerca nuestro fin, aceptación y, de hecho, la más primigenia de todas las consolaciones: que seré conducido a un hogar literal o figurado, aun cuando el amor reconozca que no puede acompañarnos cuando muramos y nos adentremos en el vacío. El psicoanálisis freudiano tiene mucho que decir sobre este deseo de experimentar de nuevo un «sentimiento oceánico» primigenio; la ansiedad es el sentimiento que experimentamos cuando se nos niega este consuelo, cuando tememos un retorno a un tiempo de nuestra vida en que ese consuelo nos fue arrebatado. Pero tan importante como buscar amor es el mandato de *reconocer el amor que existe en nuestra vida.* A menudo estamos solos porque no reconocemos el amor que recibimos, lo cual nos lleva a no dar por nuestra parte. Como señalaba Kierkegaard: «¿No sería más triste todavía [...] si el amor fuese asimismo solo una maldición porque su demanda hiciese patente que ninguno de nosotros es digno de ser amado, en lugar de que el amor se reconozca precisamente porque ama lo suficiente para ser capaz de hallar alguna amabilidad en todos nosotros?».[25]

La ansiedad sugiere que nuestra vida está imbuida de nuestro coraje, mayor que el de un guerrero de una epopeya marcial. Miramos sin pestañear al desastre definitivo, la negación de nosotros mismos, la pérdida de todo cuanto estimamos valioso, que es nuestro destino inevitable, y perseveramos. Estamos acostumbrados a considerarnos cobardes; la ansiedad permite un autorretrato que reconoce una «resistencia en silenciosa desesperación».[26] Existimos frente al desastre; nuestra vida es un constante afán por mantenernos a pesar de las agresiones externas. El afecto de este afán es la ansiedad, solo domeñada por el deseo de seguir adelante, de razonar, de crear. Conforme continuamos viviendo al borde de lo desconocido, la ansiedad nos informa de las trayectorias de las vidas que podemos vivir, el nuevo yo que nos aguarda a medida que recorremos nuestra vida imperfecta. Siempre sentiremos ansiedad; eso nos informa de que somos humanos y sentimos curiosidad por descubrir lo que todavía podríamos ser.

AGRADECIMIENTOS

Sin los cuales no: Noor Alam, Sumbul Alam, Bradley Armour-Garb, Will Braun, Justin Caouette, Akul Chopra, Ashutosh Chandra Chopra, Ayana Prabha Chopra, Prabha Chopra, Pramod Chandra Chopra, Ritu Chopra, Skye Cleary, Chloe Coy, Japhy Dhungana, Sam Dresser, Christian Fox, Nick Gibson, Ken Haller, Martin Harvey, John Hauck, Lynn Hill, Hermione Hoby, Emma Hulme, Rob Israel, Kartik Jaggi, Kathleen Kageff, Marilyn Komisar, Ray Kozma, Ben Kunkel, Robert LeClair, Jacob Leivent, Chris Letheby, David Makowski, Gordon Marino, Eric Martin, James Martin, Brad Mering, Rohit Parikh, Nash Redmond, David Rondel, Luis Ruiz, Sunayna Sabharwal, Sanjay Sen, Roberth Smith, Justin Steinberg, John Tambornino, Matt Thomas, Priya Tuli, David Turnbull y Bill Wright; el pódcast *Seize the Moment* [Aprovecha el momento], el pódcast *The Ant and the Grasshopper* [La hormiga y el saltamontes] y el pódcast *Denver Crux* [El meollo de Denver]; el Institute for Contemporary Psychotherapy; mis compañeros terapeutas filosóficos; aquellos que depositaron su fe y su confianza en mi asesoramiento, compartieron una cuerda conmigo o me dieron un rapelador. Mi especial agradecimiento a Noor Alam, Jennifer Fisher, Eric Martin, David Rondel y David Turnbull por su lectura detallada y rigurosa del borrador del manuscrito; y a Rob Tempio, mi editor en Princeton University Press, quien me propuso este proyecto, lo guio a través de sus numerosas fases y me acompañó. Gracias, Rob; mitigaste un poco mi ansiedad mientras escribía este libro.

NOTAS

Nuestra(s) era(s) de la ansiedad

1. Stossel, *My Age of Anxiety*, pág. 52.
2. Freud, *Problem of Anxiety*, pág. 23.
3. Annas, «Philosophical Therapy»; Cushman, *Therapeia*; Xenakis, *Epictetus: Philosopher-Therapist*; Mace, *Heart and Soul*.
4. Debo esta selección de palabras a un revisor anónimo de este libro. Esta afirmación se hace de forma ampliada en mi ensayo «Anxiety Isn't a Pathology».
5. Stossel, *My Age of Anxiety*, pág. 52.
6. Beck y Emery, *Anxiety Disorders and Phobias*. La moderna técnica psicoterapéutica de «terapia de aceptación y compromiso» (ACT, por sus siglas en inglés) está inspirada asimismo en el estoicismo: Hayes, «Acceptance and Commitment Therapy».
7. Murguia y Díaz, «Philosophical Foundations of Cognitive Behavioral Therapy».
8. Van Dis *et al.*, «Long-Term Outcomes of Cognitive Behavioral Therapy».
9. Cohen, «Philosophical Counseling».
10. Stossel, *My Age of Anxiety*, pág. 36.

11. William Blake, «Grey Monk», <https://romantic-cir cles.org/editions/poets/texts/greymonk.html>, consultado en mayo de 2023.

Ponerse y estar ansioso

1. Didion, *Year of Magical Thinking*, pág. 4.
2. El monje budista y filósofo indio Nagarjuna es el principal promotor de esta doctrina budista; puede encontrarse una articulación completa en los denominados *Versos sobre los fundamentos del camino medio*, reimpresos en varios tratados budistas. Garfield, *Fundamental Wisdom*, págs. 293-321, ofrece una fuente útil acompañada de un comentario.
3. Las dos páginas siguientes se basan en mi ensayo «Of Therapy and Personal and Academic Anxieties».
4. May, *Meaning of Anxiety*, págs. 189-190.
5. Freud y Breuer, *Studies in Hysteria*, pág. 305.
6. «I'm Free», escrita por Mick Jagger y Keith Richards, de The Rolling Stones, *Out of Our Heads* (London Records, 1965). La canción fue versionada por The Soup Dragons en su álbum *Lovegod* (Big Life, 1990).
7. Kierkegaard, *Concept of Anxiety*, pág. 19n.
8. Marino, «Anxiety in *The Concept of Anxiety*», pág. 312.
9. El término «preocupación última» es atribuible a Tillich, *Theology of Culture*, págs. 6-7.

Las ansiedades de la existencia

1. Gowans, «Medical Analogies in Buddhist and Hellenistic Thought», pág. 30.
2. Gowans, pág. 30.

3. Introducciones y tratamientos más avanzados de los aspectos fundamentales de las doctrinas budistas pueden encontrarse en la siguiente muestra de una vasta literatura budista: Gethin, *Foundations of Buddhism*; De Silva, *Introduction to Buddhist Psychology*; Siderits, *Empty Persons*; Hanh, *Heart of the Buddha's Teaching*; Fronsdal, *Dhammapada*; y Siderits, *Buddhism as Philosophy*.

4. Gowans, «Medical Analogies in Buddhist and Hellenistic Thought», pág. 30.

5. Gowans, pág. 30.

6. Gowans, pág. 30.

7. Gowans, pág. 30.

8. Robert Morrison argumenta esto de manera convincente en su *Nietzsche and Buddhism*.

9. Siderits, *Buddhism as Philosophy*, pág. 19.

10. James, *Varieties of Religious Experience*, pág. 160.

11. Rhys, *Questions of King Milinda*, págs. 40-45. El pasaje citado aquí es una paráfrasis del diálogo completo.

12. Rahula, *What the Buddha Taught*, pág. 30.

13. Rahula, pág. 31.

14. Este es un profundo punto en común con la antigua filosofía griega del estoicismo.

15. Existe una resonancia significativa con la tradición existencialista, que coincide en que la angustia ha de ser abordada, no rehuida.

16. Esta es también una piedra angular de la sabiduría estoica. Tal como encontramos en Marco Aurelio: «No te inquiete el futuro; pues irás a su encuentro, de ser preciso, con la misma razón que ahora utilizas para las cosas presentes». Libro 7, meditación 8, en *Meditations*, pág. 106 (trad. cast.: *Meditaciones*, Madrid, Biblioteca Clásica Gredos, 1977, pág. 130).

17. Chödrön, *Comfortable with Uncertainty*, pág. 1.

18. Chödrön, pág. 5.

19. Chödrön, pág. 7.

20. Chödrön, pág. 8.

21. Chödrön, pág. 23.

22. Chödrön, pág. 45.

23. Pollan, *How to Change Your Mind*.

24. Existen importantes resonancias aquí con la noción de *unselfing* («olvido del yo» o «descreación») atribuible a Iris Murdoch, quien observa: «El yo, el lugar en que vivimos, es un espacio de ilusión». Murdoch, *Sovereignty of Good*, pág. 91 (trad. cast.: *La soberanía del bien*, Barcelona, Taurus, 2023).

Libres para sentir ansiedad

1. Es célebre la observación de Ludwig Wittgenstein: «Un problema filosófico tiene la forma: "No sé salir del atolladero"»; *Investigaciones filosóficas*, pág. 123.

2. Morstein, «Anxiety and Depression».

3. Kaufmann, *Without Guilt and Justice*, págs. 7-28. El pensamiento existencialista no es, sin embargo, meramente un fenómeno europeo. Es temporal, espacial y culturalmente diverso. Con «existencialismo» no me refiero aquí en exclusiva a ese movimiento francés asociado a Jean-Paul Sartre y Simone de Beauvoir, sino que incluyo también a sus antepasados teóricos, sobre todo al trío integrado por Kierkegaard, Nietzsche y Heidegger.

4. Como se ha señalado, el término «preocupación última» es atribuible originalmente a Paul Tillich, *Courage to Be*, págs. 6-7; estas preocupaciones reciben un extenso tratamiento en Yalom, *Existential Psychotherapy*.

5. Kaufmann, *Without Guilt and Justice*.

6. Sartre, «The Humanism of Existentialism», en *Essays in Existentialism*, pág. 36 (trad. cast.: *El existencialismo es un humanismo*, Barcelona, Edhasa, 2009).

7. Sartre, pág. 37.

8. Sartre, pág. 41.

9. Sartre, «Freedom and Responsibility», en *Essays in Existentialism*, pág. 68.

10. Morrison, *Nietzsche and Buddhism*.

11. Esta idea se plantea con especial elocuencia en las secciones iniciales de *El nacimiento de la tragedia*. Podemos encontrar una buena introducción a Nietzsche en Kaufmann, *Nietzsche: Philosopher, Psychologist, Anti-Christ*. Las obras clásicas de Nietzsche más relevantes en el presente contexto son *Humano, demasiado humano, Más allá del bien y del mal, Aurora, Así habló Zaratustra, Crepúsculo de los ídolos* y *La genealogía de la moral*; las mejores traducciones al inglés son las de R. J. Hollingdale y Walter Kaufmann. Podemos encontrar traducciones al inglés más recientes y muy prestigiosas en las ediciones de las obras principales de Nietzsche de Cambridge University Press.

12. Platón, *La república*, intervención de Trasímaco en 344c.

13. Está sujeto a diferentes lecturas en el corpus nietzscheano; la rebelión de los esclavos descrita en *La genealogía de la moral* se refiere a una inversión de valores, llevada a cabo por los débiles, que reemplazan los de los fuertes; en *La voluntad de poder*, el poder se entiende en un sentido más estricto como la independencia respecto de las demandas que se nos imponen, una autosuperación forjada por la exposición al juicio y la tribulación, por la persecución de grandes metas. El poder del «espíritu noble», como se señala en *Más allá del bien y del mal*, reside en su independencia de las exigencias convencionales de la moralidad.

14. Nietzsche, «¿Qué es lo noble?», capítulo 9 de *Más allá del bien y del mal*.

15. Nietzsche, «De las tablas viejas y nuevas», sección 56 de *Así habló Zaratustra*.

16. Tillich, *Courage to Be*, pág. 47.

17. Tillich, pág. 106.

18. Nietzsche, *El nacimiento de la tragedia*, sección 5.

19. Nietzsche, «Sobre el nuevo ídolo», en *Así habló Zaratustra*, págs. 75-77.

20. Esta afirmación se desarrolla en Nehamas, *Nietzsche: Life as Literature*.

21. Hollingdale, *Nietzsche*; Safranski, *Nietzsche: A Philosophical Biography*.

22. Los tres párrafos siguientes están tomados de Samir Chopra, «Nietzsche on the Relief of Mortality», <https://samirchopra.com/2020/06/23/nietzsche-on-the-relief-of-mortality/>.

23. Nietzsche, *Aurora*, sección 501.

24. Nietzsche, «The Prologue», en *Así habló Zaratustra*, págs. 41-42.

25. Nietzsche, *La gaya ciencia*, sección 341.

26. Ernest Becker hace esta afirmación con elocuencia en *The Denial of Death*.

27. Kierkegaard, *El concepto de la angustia*.

28. Carlisle, *Philosopher of the Heart*; Garff, *Søren Kierkegaard*.

29. «La angustia» se caracteriza como «un estado afectivo o anímico [...] basado en estructuras ontológicas del ser humano». Beabout, *Freedom and Its Misuses*, pág. 7.

30. Beabout, pág. 21 (citando a Kierkegaard, vol. 1 de *Journals and Papers*, pág. 100).

31. Beabout, *Freedom and Its Misuses*, pág. 45.

32. Beabout, pág. 47.

33. Beabout, pág. 47.

34. Beabout, pág. 48.

35. Beabout, pág. 48.

36. Beabout, pág. 18.

37. Beabout, pág. 19.

38. Marino, «Anxiety in *The Concept of Anxiety*», pág. 319; Beabout, *Freedom and Its Misuses*, pág. 63.

39. Kierkegaard, *Christian Discourses*, pág. 80.

40. Beabout, *Freedom and Its Misuses*, pág. 22.

41. Kierkegaard, *Sickness unto Death*, capítulo 2, pág. 55.

42. Beabout, *Freedom and Its Misuses*, pág. 46.

43. Beabout, pág. 47.

44. May, *Meaning of Anxiety*, pág. 44. Esta sección se basa en gran medida en la discusión de Kierkegaard a la que May dedica las páginas 30 a 47.

45. Nehamas, *Nietzsche: Life as Literature*.

46. Kierkegaard, *Sickness unto Death*.

47. May, *Meaning of Anxiety*, pág. 47.

48. Kierkegaard, *Concept of Anxiety*, pág. 89.

49. May, *Meaning of Anxiety*, pág. 56.

50. May, pág. 58.

51. May, pág. 59.

52. Kierkegaard, *Concept of Anxiety*, pág. 145.

53. Kierkegaard, pág. 146n.

54. May, *Meaning of Anxiety*, pág. 63.

55. Kierkegaard, *Concept of Anxiety*, pág. 189.

56. Kierkegaard, pág. 189.

57. Kierkegaard, pág. 189.

58. Los tres párrafos precedentes proceden de Samir Chopra, «Kierkegaard on Being Educated by Possibility (and Anxiety)», <https://samirchopra.com/2020/08/28/kierkegaard-on-being-educated-by-possibility-and-anxiety/>. La discusión de la relación entre posibilidad y realidad es de Kierkegaard, *Concept of Anxiety*, págs. 187-196.

59. Kierkegaard, *Concept of Anxiety*, pág. 141.

60. Kierkegaard, pág. 192.

61. Kierkegaard, pág. 187.

62. Kierkegaard, *Sickness unto Death*, pág. 39.

63. Beabout, *Freedom and Its Misuses*, pág. 59.

64. Kierkegaard, *Concept of Anxiety*, pág. 89.

65. Beabout, *Freedom and Its Misuses*, pág. 62.

66. Beabout, pág. 62.

67. May, *Meaning of Anxiety*, pág. 45.

68. Kierkegaard, *Concept of Anxiety*, pág. 194.

69. Kierkegaard, pág. 52.

70. Tillich, *Courage to Be*, pág. 12. El juicio, la condena y la muerte de Sócrates son el tema de los diálogos de Platón *Apología de Sócrates*, *Critón* y *Fedón*.

71. Tillich, *Courage to Be*, pág. 34.

72. Tillich, pág. 32.

73. Tillich, pág. 37.

74. Tillich, pág. 35.

75. Tillich, pág. 37.

76. Tillich, pág. 38.

77. Tillich, pág. 38.

78. Sección titulada «Three Types of Anxiety» en el capítulo «Being, Non-being, and Anxiety», en Tillich, *Courage to Be*, págs. 38-53.

79. Tillich, pág. 42.

80. Tillich, pág. 165.

81. Tillich, pág. 165.

82. Tillich, pág. 42.

83. Tillich, pág. 36: «En la anticipación de la amenaza que se origina en estas cosas, lo aterrador no es la propia negatividad que traerán sobre el sujeto, sino la angustia por las posibles implicaciones de esa negatividad». Sartre lo expresa de este modo: «Desconfío de mí mismo y de mis propias reacciones [...] el recluta que se presenta al servicio activo tiene miedo de la muerte, pero con más frecuencia tiene "miedo de tener miedo"». Tomado de «The Problem of Nothingness», en *Being and Nothingness*, en Sartre, *Essays in Existentialism*, pág. 120. Para entender lo que quiere decir Sartre, consideremos que mi miedo a ahogarme es un miedo a un acontecimiento concreto,

pero asociada a él se halla una angustia informe: mi miedo al miedo desconocido que sentiré cuando empiece a ahogarme.

84. William Shakespeare, *Hamlet*, acto III, escena 1.

85. Los tres párrafos precedentes están basados en Samir Chopra, «Dreams of the 'Undiscovered Country'», <https://samirchopra.com/2014/07/21/dreams-of-the-undis covered-country/>.

86. La sección 40 de la obra maestra de Heidegger *El ser y el tiempo* (1927) contiene una extensa discusión de la *Angst* (angustia); un análisis más accesible se encuentra en su ensayo «¿Qué es Metafísica?».

87. Es necesaria una buena guía expositiva de Heidegger. Consúltese, para empezar, Dreyfus, *Being-in-the-World*, y Richardson, *Heidegger*. Simon Critchley ofrece un breve tratamiento popular en *The Guardian*, 6 de julio de 2009, <https://www.theguardian.com/commentisfree/belief/2009/jul/06/heidegger-philosophy-being>.

88. Magrini, «Anxiety in Heidegger's *Being and Time*»; Whalen, «Anxiety, the Most Revelatory of Moods»; «Lyonhart, Being and Time-less Faith».

89. Bergo, «Evolution and Force».

90. Esta es la descripción de Kierkegaard del estado de «desesperación» en el que podemos encontrarnos si no reconocemos nuestras responsabilidades existenciales.

91. James, *Pragmatism*, pág. 27.

92. Heidegger, *Being and Time*, pág. 298.

93. Las afirmaciones de Heidegger resuenan con las de Tillich, quien sugería que la amenaza de la nada, del ser eliminado de la existencia sin dejar rastro, es tan extrema que podemos buscar la identificación con «algo transindividual» (un grupo social, un culto religioso, una ideología política, un nacionalismo, un partido político) que promete una extensión y prolongación de nuestra identidad mediante «la certidumbre [...] respaldada por la tradición y la auto-

ridad». Por supuesto, las estructuras de nuestra civilización proporcionan esa seguridad, la de una «prisión». Tillich llega más lejos que Heidegger al localizar aquí una patología social específica, porque este «miedo a la libertad» desemboca en una «asertividad fanática» y una intolerancia visible en los ataques de «violencia desproporcionada» contra los supuestos herejes. Tillich, *Courage to Be*, págs. 46-47.

94. Yalom, pág. 171.

Represión, conflicto, trauma memorable

1. *The Problem of Anxiety* de Freud (publicado originalmente como *Inhibitions, Symptoms and Anxiety*, 1936) ofrece el desarrollo más cabal de las teorías tempranas y tardías de Freud sobre la angustia. Esta discusión está inspirada, además, en la concisa y sucinta explicación de Richard Wollheim de las teorías freudianas de la angustia en *Sigmund Freud*, págs. 239-249. Podemos encontrar introducciones claras al psicoanálisis y a la teoría psicoanalítica en el texto expositivo de Freud *Cinco conferencias sobre psicoanálisis* y en su obra más rigurosa *Conferencias de introducción al psicoanálisis*.

2. Freud, *The Problem of Anxiety*, pág. 19.

3. Freud, *Standard Edition of the Complete Psychological Works*, vol. 3, págs. 109, 114, 150-151, 268.

4. Esta tesis se defiende de forma especialmente memorable en la implacablemente pesimista obra tardía de Freud *El malestar en la cultura*.

5. Malcolm, *Psychoanalysis*.

6. Freud, *The Problem of Anxiety*, págs. 21-32.

7. Wollheim, *Sigmund Freud*, págs. 241-245.

8. Freud, «The Finding of an Object», en *Three Essays on the Theory of Sexuality*, pág. 222.

9. Freud, *The Problem of Anxiety*, pág. 119.

10. Freud, pág. 75.

11. Freud, pág. 119.

La ansiedad y lo social

1. Tillich, *Courage to Be*, pág. 62.

2. Tillich, pág. 110.

3. Stossel, *My Age of Anxiety*, pág. 303.

4. Este comentario ha sido atribuido tanto a Thomas Edison como a Theodore Roosevelt.

5. Fromm, *El miedo a la libertad.*

6. Esta es quizá la frase más citada de Hobbes, de la sección «The Incommodities of Such a War» [Las incomodidades de una guerra semejante] en el capítulo XIII, «Of the Natural Condition of Mankind, as Concerning Their Felicity, and Misery» [De la condición natural del género humano, en lo que concierne a su felicidad y su miseria] de su obra maestra *Leviatán.*

7. Marcuse, «Existencialism», pág. 311.

8. Marcuse, pág. 311.

9. Marcuse, pág. 336.

10. Marcuse, pág. 320.

11. Marcuse, pág. 320.

12. Kramer, *Listening to Prozac.*

13. Marcuse, *One-Dimensional Man*, pág. 237 (trad. cast. *El hombre unidimensional*, pág. 260).

14. Fromm, *Marx's Concept of Man*, pág. 95; los extractos de los *Manuscritos* están en págs. 93-109, y todas las referencias subsiguientes a Marx proceden de aquí.

15. Fromm, *Marx's Concept of Man*, págs. 95-96.

16. Fromm, pág. 96.

17. Fromm, pág. 96.

18. Fromm, pág. 103.

Vivir con ansiedad

1. Este párrafo se basa en Samir Chopra, «The Tyranny of the Tourism Poster», <https://samirchopra.com/2012/01/06/the-tyranny-of-the-tourism-poster/>.

2. Gunnarsson, «Philosopher as Pathogenic Agent, Patient and Therapist», pág. 180. Gunnarson califica esto de una «solución irónica» para la melancolía filosófica, inspirándose en Rorty, *Contingency, Irony, and Solidarity*.

3. Yalom, *Existential Psychotherapy*, pág. 171.

4. Este es un campo importante de la psicología moral, donde la literatura centra nuestra mente en las consecuencias de las decisiones en la vida real mejor de lo que lo hace la teoría ética formal; las narraciones literarias nos fuerzan a considerar, a través de las turbulentas vidas y fortunas de sus personajes, el hecho de que cada vez que intentamos responder la pregunta de qué debemos hacer, también estamos teniendo en cuenta el insuperable enigma de qué clase de persona queremos ser.

5. Esta supuesta paradoja medieval del libre albedrío, atribuible a Buridán, describe a un asno hambriento y sediento que muere de hambre y de sed, atrapado entre el heno y el agua, porque es incapaz de decidirse racionalmente entre las dos opciones.

6. Borges, *El jardín de senderos que se bifurcan*.

7. Sección titulada «Three Types of Anxiety» en el capítulo «Being, Non-being, and Anxiety», en Tillich, *Courage to Be*, págs. 38-53.

8. Setiya, *Midlife Crisis*.

9. Milgram, *John Stuart Mill and the Meaning of Life*.

10. «Una sola cosa es necesaria. "Dar estilo" al propio carácter». Nietzsche, *La gaya ciencia*, sección 290.

11. Kramer, *Listening to Prozac*.

12. Joanna Moncrieff es una prominente crítica de la

medicación psiquiátrica y miembro de la Critical Psychiatry Network [Red de Psiquiatría Crítica]. Sus obras *The Myth of the Chemical Cure*, *A Straight-Talking Introduction to Psychiatric Drugs* y *The Bitterest Pills* representan una crítica sostenida y exhaustiva de la medicación psiquiátrica.

13. Pascal, *Pensées*, capítulo 8.

14. Sección titulada «Three Types of Anxiety» en el capítulo «Being, Non-being, and Anxiety», en Tillich, *Courage to Be*, págs. 38-53.

15. May, *Meaning of Anxiety*, pág. XV.

16. Gunnarson, «Philosopher as Pathogenic Agent, Patient and Therapist», pág. 183.

17. Ganeri, «Return to the Self»; Hadot, *Philosophy as a Way of Life*.

18. Hadot, pág. 84.

19. Hadot, pág. 217.

20. Teasdale *et al.*, «Metacognitive Awareness».

21. Hadot, *Philosophy as a Way of Life*, pág. 242.

22. Ganeri, «Return to the Self», pág. 119.

23. Ganeri, pág. 119.

24. Irvin Yalom define esto como una creencia en «una especificidad e inviolabilidad personal», un componente de un «sistema fundamental de negación de alternativas: la creencia en un último rescatador personal». Yalom, *Existential Psychotherapy*, pág. 129.

25. Kierkegaard, *Works of Love*, págs. 56-57.

26. Pink Floyd, «Time», de *The Dark Side of the Moon*, Harvest Records, 1973.

BIBLIOGRAFÍA

Annas, Julia, «Philosophical Therapy, Ancient and Modern», en *Bioethics: Ancient Themes in Contemporary Issues*, Mark G. Kuczewski y Ronald Polansky (comps.), Cambridge, Massachusetts, MIT Press, 2000, págs. 109-127.

Aurelio, Marco [Aurelius, Marcus], *Meditations*, Nueva York, Penguin Classics, 1964 (trad. cast.: *Meditaciones*, Barcelona, Biblioteca Clásica Gredos, 2019).

Beabout, Gregory, *Freedom and Its Misuses: Kierkegaard on Anxiety and Despair*, Milwaukee, Wisconsin, Marquette University Press, 1996.

Beck, A. T., y G. Emery, *Anxiety Disorders and Phobias: A Cognitive Perspective*, Cambridge, Massachusetts, Basic Books, 1985 (trad. cast.: *Trastornos de ansiedad y fobias: una perspectiva cognitiva*, Bilbao, Desclée de Brouwer, 2014).

Becker, Ernest, *The Denial of Death*, Nueva York, Free Press, 1997 (trad. cast.: *La negación de la muerte*, Barcelona, Kairós, 2003).

Bergo, Bettina, «Evolution and Force: Anxiety in Kierkegaard and Nietzsche», *Southern Journal of Philosophy*, vol. 41, n.° 2, verano de 2003, págs. 143-168.

Borges, Jorge Luis, *The Garden of Forking Paths*, Nueva York, Penguin Modern, 2018 (orig. cast.: «El jardín de los senderos que se bifurcan», en *Cuentos completos*, Barcelona, Lumen, 2011).

Carlisle, Clare, *Philosopher of the Heart: The Restless Life of Søren Kierkegaard*, Nueva York, Farrar, Strauss and Giroux, 2020 (trad. cast.: *El filósofo del corazón: la inquieta vida de Søren Kierkegaard*, Barcelona, Taurus, 2021).

Chödrön, Pema, *Comfortable with Uncertainty*, Boulder, Colorado, Shambhala, 2002 (trad. cast.: *Ante el miedo y la incertidumbre: 108 enseñanzas prácticas para desarrollar la compasión y la lucidez*, Madrid, Gaia Ediciones, 2019).

Chopra, Samir, «Anxiety Isn't a Pathology. It Drives Us to Push Back the Unknown», *Psyche Magazine*, 4 de noviembre de 2020, <https://psyche.co/ideas/anxiety-isnt-a-pathology-it-drives-us-to-push-back-the-unknown>.

—, «Of Therapy and Personal and Academic Anxieties», <https://samirchopra.com/2015/02/27/of-therapy-and-personal-and-academic-anxieties/>.

Cohen, Elliot D., «Philosophical Counselling: Some Roles of Critical Thinking», en *Essays in Philosophical Counseling*, Ran Lahav y Maria Da Venza Tillmans (comps.), Nueva York, University Press of America, 1995, págs. 121-132.

Cushman, Robert Earl, *Therapeia: Plato's Conception of Philosophy*, Nueva York, Routledge, 2001.

De Silva, Padmasiri, *An Introduction to Buddhist Psychology*, Londres, Palgrave Macmillan, 2005.

Didion, Joan, *The Year of Magical Thinking*, Nueva York, Vintage, 2007 (trad. cast.: *El año del pensamiento mágico*, Barcelona, Literatura Random House, 2015).

Dreyfus, Hubert, *Being-in-the-World: A Commentary on Heidegger's "Being and Time", Division I*, Cambridge, Massachusetts, MIT Press, 1990 (trad. cast.: *Ser-en-el-mundo: comentario a la División I de* Ser y Tiempo *de Martin Heidegger*, Santiago de Chile, Cuatro Vientos, 2002).

Freud, Sigmund, *Civilization and Its Discontents*, Nueva York, W. W. Norton, 1989 (trad. cast.: *El malestar en la cultura*, Madrid, Akal, 2017).

—, *Five Lectures on Psychoanalisis*, Nueva York, W. W. Norton, 1990 (trad. cast.: *Cinco conferencias sobre psicoanálisis*, Buenos Aires, Amorrortu, 2016).

—, *Introductory Lectures on Psychoanalysis*, Nueva York, W. W. Norton, 1989 (trad. cast.: *Conferencias de introducción al psicoanálisis [Partes I y II]*, Buenos Aires, Amorrortu, 2017).

—, *The Problem of Anxiety*, Nueva York, W. W. Norton, 1963 (publicado originalmente como *Inhibitions, Symptoms and Anxiety*, 1936) (trad. cast.: *Inhibición, síntoma y angustia*, Buenos Aires, Amorrortu, 2016).

—, *Standard Edition of the Complete Psychological Works of Sigmund Freud*, James Strachey (comp.), 24 vols., Londres, Hogarth, 1994 (trad. cast.: *Obras Completas*, Madrid, Biblioteca Nueva, 2017).

—, *Three Essays on the Theory of Sexuality*, vol. 7 de la *Standard Edition of the Complete Psychological Works of Sigmund Freud*, James Strachey (comp.), Londres, Hogarth, 1994 (trad. cast.: *Tres ensayos sobre teoría sexual*, Madrid, Alianza, 1984).

Freud, Sigmund, y Josef Breuer, *Studies in Hysteria*, 1895, Nueva York, Penguin Classics, 2004 (trad. cast.: *Estudios sobre la histeria*, México, Siglo XXI, 2023).

Fromm, Erich, *Escape from Freedom*, Nueva York, Holt Paperbacks, 1994 (trad. cast.: *El miedo a la libertad*, Barcelona, Paidós, 2018).

—, *Marx's Concept of Man*, Nueva York, Frederick Ungar, 1965 (trad. cast.: *Marx y su concepto del hombre*, México, Fondo de Cultura Económica, 2019).

Garfield, Jay, trad. *The Fundamental Wisdom of the Middle*

Way: Nāgārjuna's Mūlamadhyamakakārikā, Nueva York, Oxford University Press, 1995.

Fronsdal, Gil, *The Dhammapada: A New Translation of the Buddhist Classic with Annotations*, Boulder, Colorado, Shambhala, 2006 (trad. cast.: *El Dhammapada: el camino de la verdad*, México, Fondo de Cultura Económica, 2004).

Ganeri, Jonardon, *The Concealed Art of the Soul: Theories of Self and Practices of Truth in Indian Ethics and Epistemology*, Oxford, Clarendon, 2007.

—, «A Return to the Self: Indians and Greeks on Life as Art and Philosophical Therapy», en «Philosophy as Therapeia», *Royal Institute of Philosophy Supplement*, n.º 66, Cambridge, Cambridge University Press, 2010, págs. 119-136.

Garff, Joakim, *Søren Kierkegaard: A Biography*, Princeton, Nueva Jersey, Princeton University Press, 2007 (trad. cast.: *Kierkegaard: el filósofo de la angustia y de la seducción*, Barcelona, Tusquets, 2024).

Gethin, Rupert, *The Foundations of Buddhism*, Oxford, Oxford University Press, 1998.

Golomb, Jacob, *et al.*, *Nietzsche and Depth Psychology*, Albany, State University of New York Press, 1999.

Gowans, Christopher W., «Medical Analogies in Buddhist and Hellenistic Thought: Tranquility and Anger», en «Philosophy as Therapeia», *Royal Institute of Philosophy Supplement*, n.º 66, Cambridge, Cambridge University Press, 2010, págs. 11-33.

Gunnarson, Logi, «The Philosopher as Pathogenic Agent, Patient and Therapist: The Case of William James», en «Philosophy as Therapeia», *Royal Institute of Philosophy Supplement*, n.º 66, Cambridge, Cambridge University Press, 2010, págs. 165-186.

Hadot, Pierre, *Philosophy as a Way of Life: Spiritual Exercises from Socrates to Foucault*, Oxford, Blackwell, 1995 (trad.

cast.: *Ejercicios espirituales y filosofía antigua*, Madrid, Siruela, 2006).

Hanh, Thich Nhat, *The Heart of the Buddha's Teaching: Transforming Suffering into Peace, Joy, and Liberation*, Nueva York, Harmony, 1999 (trad. cast.: *El corazón de las enseñanzas de Buda: el arte de transformar el sufrimiento en paz, alegría y liberación*, Barcelona, Zenith, 2018).

Hayes, S. C., «Acceptance and Commitment Theraphy, Relational Frame Theory, and the Third Wave of Behavioral and Cognitive Therapies», *Behavior Therapy*, vol. 35, n.º 4, 2004, págs. 639-665.

Heidegger, Martin, *Being and Time*, 1927, Nueva York, Harper and Row, 1962 (trad. cast.: *El ser y el tiempo*, México, Fondo de Cultura Económica, 1984).

—, «What Is Metaphysics?», en *Basic Writings*, págs. 89-110. Traducido por David F. Krell, San Francisco, Harper and Row, 1993 (trad. cast.: *¿Qué es metafísica?*, Madrid, Alianza Editorial, 2014).

Hollingdale, R. J., *Nietzsche: The Man and His Philosophy*, Nueva York, Cambridge University Press, 2001 (trad. cast.: *Nietzsche: el hombre y su filosofía*, Madrid, Tecnos, 2016).

Hutter, Horst, *Shaping the Future: Nietzsche's New Regime of the Soul and Its Ascetic Practices*, Lanham, Maryland, Lexington Books, 2006.

Hutter, Horst, y Eli Friedland (comps.), *Nietzsche's Therapeutic Teaching for Individuals and Culture*, Nueva York, Bloomsbury, 2013.

James, William, *Pragmatism*, Nueva York, Dover, 1995 (trad. cast.: *Pragmatismo: un nuevo nombre para algunos antiguos modos de pensar*, Madrid, Biblioteca Nueva, 2017).

—, *The Varieties of Religious Experience*, Nueva York, Penguin, 1982 (trad. cast.: *Las variedades de la experiencia religiosa*, Barcelona, Península, 2002).

Kaufmann, Walter, *Nietzsche: Philosopher, Psychologist, Anti-Christ*, Princeton, Nueva Jersey, Princeton University Press, 2013.

—, *Without Guilt and Justice*, Nueva York, Dell, 1975.

Kierkegaard, Søren, *Christian Discourses*, Princeton, Nueva Jersey, Princeton University Press, 2009.

—, *Journals and Papers*, 7 vols., Howard y Edna Hong (comps. y trads.), Bloomington, Indiana University Press, 1967.

—, *The Concept of Anxiety: A Simple Psychologically Oriented Deliberation in View of the Dogmatic Problem of Hereditary Sin*, Nueva York, W. W. Norton, 2014 (trad. cast.: *El concepto de la angustia*, Madrid, Alianza, 2006).

—, *The Sickness unto Death*, Nueva York, Penguin Classics, 1989 (trad. cast.: *La enfermedad mortal*, Madrid, Trotta, 2008).

—, *Works of Love*, Nueva York, Harper Perennial, 2009 (trad. cast.: *Las obras del amor*, Salamanca, Sígueme, 2006).

Kramer, Peter, *Listening to Prozac*, Nueva York, Viking, 1993 (trad. cast.: *Escuchando al Prozac*, Barcelona, Seix Barral, 1994).

Kurth, Charlie, *The Anxious Mind: An Investigation into the Varieties and Virtues of Anxiety*, Cambridge, Massachusetts, MIT Press, 2018.

Lyonhart, Jonathan, «Being and Time-less Faith: Juxtaposing Heideggerian Anxiety and Religious Experience», *Open Theology*, 2020, <https://doi.org/10.1515/opth-2020-0003>. Consultado en mayo de 2023.

Mace, Chris (comp.), *Heart and Soul: The Therapeutic Face of Philosophy*, Londres, Routledge, 1999.

Malcolm, Janet, *Psychoanalysis: The Impossible Profession*, Nueva York, Vintage, 1982 (trad. cast.: *Psicoanálisis: la profesión imposible*, Barcelona, Gedisa, 2004).

Magrini, James, «Anxiety in Heidegger's *Being and Time*: The Harbinger of Authenticity», *Philosophy Scholarship*, n.º 15, 2006. <http://dc.cod.edu/philosophypub/15>.

Marcuse, Herbert, «Existentialism: Remarks on Jean-Paul Sartre's *L'Être et le Néant*», *Philosophy and Phenomenological Research*, vol. 8, n.º 3, marzo de 1948, págs. 309-336.

—, *One-Dimensional Man: Studies in the Ideology of Advanced Industrial Society*, Nueva York, Routledge Classics, 2002 (trad. cast.: *El hombre unidimensional*, Barcelona, Ariel, 2024).

Murguia, Edward, y Kim Díaz, «The Philosophical Foundations of Cognitive Behavioral Therapy: Stoicism, Buddhism, Taoism, and Existentialism», *Journal of Evidence-Based Psychotherapies*, vol. 15, n.º 1, 2015, págs. 37-50.

Marino, Gordon, «Anxiety in *The Concept of Anxiety*», en *Cambridge Companion to Kierkegaard*, Alastair Hannay y Gordon Marino (comps.), Nueva York, Cambridge University Press, 1998, págs. 308-328.

May, Rollo, *The Meaning of Anxiety*, Nueva York, W. W. Norton, 2015.

Milgram, Elijah, *John Stuart Mill and the Meaning of Life*, Nueva York, Oxford University Press, 2019.

Moncrieff, Joanna, *The Bitterest Pills: The Troubling Story of Antipsychotic Drugs*, Nueva York, Palgrave, 2013.

—, *The Myth of the Chemical Cure: A Critique of Psychiatric Drug Treatment*, Nueva York, Palgrave, 2008.

—, *A Straight-Talking Introduction to Psychiatric Drugs*, Monmouth, PCCS Books, 2009.

Morrison, Robert, *Nietzsche and Buddhism: A Study in Nihilism and Ironic Affinities*, Nueva York, Oxford University Press, 1997.

Morstein, Petra, «Anxiety and Depression: A Philosophical Investigation», *Radical Psychology*, n.º 1, verano de 1999, pág. 1.

Murdoch, Iris, *The Sovereignty of Good*, Londres, Routledge, 2013 (trad. cast.: *La soberanía del bien*, Barcelona, Taurus, 2023).

Nehamas, Alexander, *Nietzsche: Life as Literature*, Cambridge, Massachusetts, Harvard University Press, 1985 (trad. cast.: *Nietzsche: la vida como literatura*, Madrid, Turner, 2002).

Nietzsche, Friedrich, *Beyond Good and Evil*, Nueva York, Penguin, 1973 (trad. cast.: *Más allá del bien y del mal*, en *Nietzsche II*, Madrid, Gredos, 2009).

—, *The Birth of Tragedy*, en «*The Birth of Tragedy*» and «*The Case of Wagner*», Nueva York, Vintage, 1967 (trad. cast.: *El nacimiento de la tragedia*, Madrid, Tecnos, 2016).

—, *Daybreak: Thoughts on the Prejudices of Morality*, Nueva York, Cambridge University Press, 1997 (trad. cast.: *Aurora*, Madrid, Edaf, 2001).

—, *The Gay Science*, Nueva York, Cambridge University Press, 2001 (trad. cast.: *La gaya ciencia*, Madrid, Tecnos, 2016).

—, «*On the Genealogy of Morals*» and «*Ecce Homo*», Nueva York, Vintage, 1989 (trad. cast.: *La genealogía de la moral*, Madrid, Tecnos, 2003; *Ecce Homo*, Madrid, Tecnos, 2017).

—, *Human, All Too Human: A Book for Free Spirits*, Nueva York, Cambridge University Press, 1990 (trad. cast.: *Humano, demasiado humano: un libro para espíritus libres*, Madrid, Tecnos, 2019).

—, *Thus Spake Zarathustra: A Book for Everyone and No One*, Nueva York, Penguin Classics, 1961 (trad. cast.: *Así habló Zaratustra*, Madrid, Cátedra, 2008).

—, *The Twilight of the Idols and the Anti-Christ: or How to Philosophize with a Hammer*, Nueva York, Penguin Classics, 1990 (trad. cast.: *Crepúsculo de los ídolos*, Madrid, Tecnos, 2022; *El anticristo: cómo se filosofa a martillazos*, Madrid, Edaf, 1985).

—, *Will to Power*, Nueva York, Vintage, 1968 (trad. cast.: *La voluntad de poder*, Madrid, Edaf, 2000).

Pascal, Blaise, *Pensées*, Nueva York, Penguin Classics, 1995 (trad. cast.: *Pensamientos*, Madrid, Tecnos, 2018).

Peterman, J. F., *Philosophy as Therapy: An Interpretation and Defense of Wittgenstein's Later Philosophical Project*, Albany, State University of New York Press, 1992.

Pollan, Michael, *How to Change Your Mind: What the New Science of Psychedelics Teaches Us about Consciousness, Dying, Addiction, Depression, and Trascendence*, Nueva York, Penguin, 2019 (trad. cast.: *Cómo cambiar tu mente: lo que la nueva ciencia de la psicodelia nos enseña sobre la conciencia, la muerte, la adicción, la depresión y la trascendencia*, Barcelona, Debate, 2018).

Rahula, Walpola, *What the Buddha Taught*, Dehiwala, Buddhist Cultural Centre, 1996 (trad. cast.: *Lo que el Buda enseñó*, Barcelona, RBA, 2006).

Rhys David, T. W., trad. *The Questions of King Milinda*, vol. 25 de *The Sacred Books of the East*, Oxford, Clarendon/Oxford, 1890 (trad. cast.: *Las preguntas de Milinda*, Madrid, Biblioteca Nueva, 2002).

Richardson, John, *Heidegger*, Nueva York, Routledge, 2012.

Rorty, Richard, *Contingency, Irony, and Solidarity*, Cambridge, Cambridge University Press, 1985 (trad. cast.: *Contingencia, ironía y solidaridad*, Barcelona, Paidós, 1991).

Safranski, Rudiger, *Nietzsche: A Philosophical Biography*, Nueva York, W. W. Norton, 2001 (trad. cast.: *Nietzsche: biografía de su pensamiento*, Barcelona, Tusquets, 2019).

Sartre, Jean-Paul, *Essays in Existentialism*, Nueva York, Citadel, 2002.

Setiya, Kieran, *Midlife Crisis: A Philosophical Guide*, Princeton, Nueva Jersey, Princeton University Press, 2018 (trad.

cast.: *En la mitad de la vida: una guía filosófica*, Barcelona, Libros del Asteroide, 2019).

Siderits, Mark, *Buddhism as Philosophy: An Introduction*, Cambridge, Ashgate, 2007.

—, *Empty Persons: Personal Identity and Buddhist Philosophy*, Aldershot, Ashgate, 2003.

Sorabji, Richard, *Emotion and Peace of Mind: From Stoic Agitation to Christian Temptation*, Oxford, Clarendon, 2002.

Stossel, Scott, *My Age of Anxiety: Fear, Hope, Dread, and the Search for Peace of Mind*, Nueva York, Vintage, 2015 (trad. cast.: *Ansiedad: miedo, esperanza y la búsqueda de la paz interior*, Barcelona, Seix Barral, 2014).

Teasdale, J., *et al.*, «Metacognitive Awareness and Prevention of Relapse in Depression: Empirical Evidence», *Journal of Consulting and Clinical Psychology*, vol. 70, n.º 2, 2002, págs. 275-287.

Tillich, Paul, *The Courage to Be*, 1952, 3.ª ed., New Haven, Connecticut, Yale University Press, 2014 (trad. cast.: *El coraje de ser*, Madrid, Avarigani, 2018).

—, *Theology of Culture*, Londres, Oxford University Press, 1964 (trad. cast.: *Teología de la cultura y otros ensayos*, Madrid, Amorrortu, 1974).

Ure, Michael, *Nietzsche's Theraphy: Self Cultivation in the Middle Works*, Lanham, Maryland, Lexington Books, 2008.

Van Dis, Eva A. M., *et al.*, «Long-Term Outcomes of Cognitive Behavioral Therapy for Anxiety-Related Disorders: A Systematic Review and Meta-analysis», *JAMA Psychiatry*, vol. 77, n.º 3, 1 de marzo de 2020, págs. 265-273.

Whalen, John T., «Anxiety, the Most Revelatory of Moods», *Akadimia Filosofia*, vol. 1, n.º 1, 2015, art. 8.

Wittgenstein, Ludwig, *Philosophical Investigations*, 4.ª ed., P. M. S. Hacker y Joachim Schulte (comps. y trads.), Oxford,

Wiley-Blackwell, 2009 (trad. cast.: *Investigaciones filosóficas*, Madrid, Trotta, 2021).

Wollheim, Richard, *Sigmund Freud*, Cambridge, Cambridge University Press, 1981 (trad. cast.: *Freud*, Barcelona, Grijalbo, 1973).

Xenakis, Iason, *Epictetus: Philosopher-Therapist*, La Haya, Nijhoff, 1969.

Yalom, Irvin, *Existential Psychotherapy*, Nueva York, Basic Books, 1980 (trad. cast.: *Psicoterapia existencial*, Barcelona, Herder, 2010).

ÍNDICE ONOMÁSTICO
Y DE MATERIAS